Mata Amritanandamayi Devi (Amma)

TOUT EST EN VOUS

Cette édition Collector, à tirage limité,
a été imaginée et réalisée par les éditions Points.
Ce titre est également disponible en édition courante.

Mata Amritanandamayi

TOUT EST EN VOUS

Paroles d'Amma

Édition établie par Valérie Servant

Traduit de l'anglais
par Embracing the World

Points

Les extraits proposés ont été sélectionnés par Valérie Servant parmi les discours et paroles prononcés par Mata Amritanandamayi, dite Amma. Ils ont été retranscrits et traduits par les membres d'Embracing the World, le réseau d'Amma.
Les titres donnés aux textes sont de la main de Valérie Servant.

Photographie page 3 : D.R.

ISBN 978-2-7578-6241-4

Là où l'amour est présent, il n'y a pas d'effort
Le bonheur d'autrui est mon repos

AMMA

Amma: l'amour qui agit

« Ma religion, c'est l'amour. »

AMMA

Mata Amritanandamayi est une des grandes figures spirituelles contemporaines. Appelée plus familièrement Amma – « mère » en malayalam, la langue du Kerala –, elle déclare que sa religion est l'amour. En Inde, elle est considérée comme un « Mahatma » : un être qui possède une grande âme.

Amma est l'incarnation de l'amour, de la vérité, du renoncement et du sacrifice de soi dans son sens le plus noble. Elle ne se contente pas d'enseigner, elle met ses enseignements en pratique à chaque instant de sa vie. Établie dans la plénitude, elle donne tout. Voilà pourquoi chacun peut sentir le divin en sa présence.

Elle ne s'est pas mariée et n'a pas eu d'enfants, mais elle est devenue la mère de tous. Considérée par des milliers de personnes comme la Mère de la Compassion, elle est à la fois un grand maître et une mère universelle.

À ceux qui ont tendance à se fermer ou à se replier sur eux-mêmes ou leur univers immédiat, Amma montre la voie du don et de l'ouverture du cœur. Elle enseigne le chemin de l'unité et de la compassion infinie.

Son célèbre *darshan* – étreinte où « un flux ininterrompu d'amour s'écoule d'elle » selon ses propres mots –, geste simple mais si fort, geste d'accueil inconditionnel, est devenu le symbole de son rayonnement international. Depuis 1975, elle a étreint dans ses bras maternels, une à une, plus de 34 millions de personnes à travers la planète, touchant au cœur tous ceux qui viennent à elle.

Mais le *darshan* n'est pas tout, car Amma incarne « la compassion en action » : à travers son organisation Embracing the World, elle vient en aide aux plus pauvres partout dans le monde.

La vie d'Amma est son seul message : tout donner et se donner soi-même.

Brève biographie

Amma est née le 27 juillet 1953 dans une famille de modestes pêcheurs parmi une fratrie de treize enfants, sur la côte du Kerala au sud de l'Inde. Dès 5 ans, elle montre des aptitudes mystiques exceptionnelles. Elle se consume d'amour pour le divin et compose déjà des chants dévotionnels.

Elle n'a que 9 ans lorsque sa mère tombe malade. L'entière responsabilité de la maison repose alors sur les épaules de la petite fille. Elle est contrainte de quitter l'école mais offre au Seigneur ses longues heures de travail.

À 13 ans, première extase. Après de rigoureuses et austères pratiques spirituelles, elle est de plus en plus souvent en *samadhi* (profonde méditation), elle y reste pendant des heures, parfois des jours sans manifester extérieurement le moindre signe de conscience.

Parallèlement, l'enfant ressent un appel à servir les plus démunis et se montre très attentive envers eux. Elle vole à ses parents du beurre et du lait qu'elle va distribuer aux pauvres. Elle tente de les réconforter, aussi bien matériellement que physiquement, en les prenant dans ses bras. Une attitude qui peut paraître naturelle mais qui, à l'époque, se révèle être une honte pour toute sa famille : une jeune fille indienne ne doit pas toucher d'autres personnes, encore moins des hommes, et que dire de celles appartenant à une caste différente...

À l'adolescence, ses extases deviennent plus fréquentes. Les membres de sa famille et les villageois sont absolument incapables de la comprendre ; elle ne se comporte pas comme une jeune fille « normale ». Mais rien ni personne ne l'arrête dans sa mission.

À 20 ans, l'aura que dégage la jeune femme apparaît déjà considérable : on vient de plus en plus loin pour la rencontrer et une communauté de disciples naît. Progressivement, elle va être honorée pour les qualités exceptionnelles qui émanent d'elle. Pour ceux qui sont à ses côtés, elle s'impose comme une incarnation féminine de la divinité.

En 1975, à 22 ans, elle quitte le domicile familial et se retrouve contrainte à vivre sans abri. La légende raconte qu'elle avait pour toit le ciel, pour lit la terre, pour lampe la lune et pour éventail la brise de la mer. Les oiseaux et les autres animaux lui tenaient compagnie et devinrent ses fidèles amis. Ils lui apportaient de la nourriture et la servaient.

C'est alors qu'Amma commence à révéler sa véritable mission : soulager la souffrance du monde et guider les pas des chercheurs spirituels. Depuis, inlassablement, dans quarante pays et sur les cinq continents, elle étreint et agit. Et son *darshan* inspire à de nombreuses personnes l'envie de se mettre bénévolement au service des plus éprouvés par la vie.

En 1981, le premier de ses ashrams voit le jour sur les lieux mêmes de sa naissance. En 1987, à 33 ans, elle fait son premier tour du monde. Aujourd'hui, son temps est partagé entre son ashram principal en Inde et les tournées qu'elle fait chaque année aux États-Unis, en Europe, au Japon, en Inde… Elle y rencontre disciples, fidèles et simples curieux venus vivre l'expérience du *darshan*. Partout dans le monde, il existe des communautés qui se retrouvent autour de son message : « L'amour et la compassion envers ceux qui sont pauvres et ceux qui souffrent constituent notre devoir envers Dieu. »

Actions humanitaires

Amma, ce n'est pas que le *darshan*. Son action caritative, internationalement reconnue, a notamment été couronnée par le prix Gandhi-King pour la paix et la non-violence.

Grâce aux dons récoltés à travers le monde, Embracing the World a la puissance d'action d'un État. Cette ONG est un réseau international d'œuvres caritatives qui intervient auprès des femmes, des enfants, des orphelins, des pauvres, des victimes de catastrophes naturelles…

Un tsunami en Indonésie, en Inde ou au Sri Lanka, un accident nucléaire à Fukushima, un tremblement de terre au Népal ? Les bénévoles d'Amma sont sur le terrain en un rien de temps pour servir dans l'amour et le désintéressement. Par ailleurs, Embracing the World a versé 51 millions d'euros d'aide pour les situations d'urgence depuis 1998.

Toujours concrètement, l'ONG multiplie ses actions, incluant distribution de nourriture (10 millions de repas servis aux sans-abri et affamés en Inde, 75 000 personnes par an aidées aux États-Unis dans 41 villes), construction de logements gratuits (45 000 logements en Inde pour des sans-abri), pensions pour des veuves, orphelinats, éducation et formation professionnelle, santé (soins gratuits délivrés à 3 millions de patients, hôpitaux...). Elle a aussi développé cinq campus universitaires qui, en quelques années, sont devenus des figures de proue dans le domaine de l'informatique et de la recherche.

Et nous ne parlons ici que très brièvement de ce qui est accompli. Quant aux projets d'avenir, ils sont déjà là, très nombreux.

Anne Ducrocq
Juin 2015

« *Dans le monde d'aujourd'hui, il existe deux types de pauvreté : la première est due à un manque de nourriture, de vêtements ou de logement ; la seconde, à un manque d'amour et de compassion.*
Il faut d'abord s'occuper du second genre de pauvreté parce que si nous avons le cœur empli d'amour et de compassion, nous servirons de tout notre cœur ceux qui n'ont pas de quoi se nourrir, s'habiller ou se loger. »

AMMA

Pour en savoir plus

Site Internet en anglais :
http://www.embracingtheworld.org
Site Internet en français :
http://www.etw-france.org

Nota bene : La notion de Dieu

Le mot *Dieu* est utilisé par commodité. Dans la tradition dans laquelle s'inscrit Amma, ce monde est la manifestation, sous une infinité de formes, d'une unique « énergie » d'amour et de lumière. Cet unique est Dieu, le Divin, la Mère divine. Il nous renvoie à ce mystère insondable qui nous dépasse, la Conscience suprême, l'Absolu, le Tout, la Vacuité, l'Amour inconditionnel, la Paix qui dépasse tout entendement, la Joie qui demeure, etc.

Cette énergie d'amour et de lumière est notre vraie nature. Le *Soi*. Le divin en nous.

C'est le *mental* qui nous empêche d'y avoir accès, il recouvre notre vraie nature, par ses conditionnements, ses croyances, ses peurs et ses désirs.

Brahmacharini Dipamrita (Claudine Tourdes),
représentante d'Amma en France

JANVIER

1er janvier – Vivre dans la joie

La joie devrait illuminer les trois cent soixante-cinq jours de l'année, et non une seule journée. Notre vie entière devrait devenir une fête ! La spiritualité nous enseigne le moyen d'y parvenir. Pour que cet abandon se produise, il nous faut prendre entièrement refuge en l'Être suprême.

2 janvier – Pratiquer le yoga de l'écriture

Développez l'habitude d'écrire dans votre journal chaque soir avant de vous coucher. Nous pouvons y noter combien de temps nous avons consacré à notre discipline spirituelle. Il ne devrait pas être simplement un registre des fautes des autres et de nos transactions journalières, mais bien plutôt nous permettre de voir nos erreurs et de les corriger.

3 janvier – Faire cesser le pendule du mental

Le mental peut être comparé à un pendule. Semblable au mouvement incessant du balancier d'une horloge, le pendule du mental oscille alternativement du bonheur à la souffrance et vice versa. Quand il se déplace vers une extrémité, il ne fait que prendre de l'élan pour aller vers l'autre. Et quand il est en mouvement vers le bonheur, il ne fait qu'emmagasiner l'énergie qui l'emmènera vers l'autre pôle, celui de la souffrance. Pour connaître la paix et le bonheur véritables, il faut que le pendule du mental cesse complètement d'osciller. Cette immobilité procure la paix et la félicité réelles. L'état d'immobilité parfaite est en vérité l'essence de la vie.

4 janvier – Tendre la main

Considérer quelqu'un comme indigne de la voie spirituelle reviendrait à décider, après la construction d'un hôpital, de n'y admettre aucun malade. Même une montre cassée indique l'heure juste deux fois par jour ! C'est donc l'acceptation qui est nécessaire. Quand nous évitons quelqu'un en considérant qu'il ne s'agit pas d'une personne convenable, nous contribuons à faire naître en elle des sentiments de revanche. Et cette personne retombe dans l'erreur. Si, en revanche, nous louons ce qu'il y a de bon en elle et essayons patiemment de corriger ses erreurs, nous pouvons réellement lui permettre de progresser.

5 janvier – Dieu est présent en tout

Dieu est partout présent : dans le coucou qui chante, dans le corbeau qui croasse, dans le lion qui rugit, dans l'océan qui gronde. C'est cette Puissance qui voit par nos yeux, entend par nos oreilles, goûte avec notre langue, sent par notre nez, par notre peau et qui nous donne la force de marcher. Cette Puissance emplit tout. Il s'agit d'en faire l'expérience.

6 janvier – Être d'insatiables chercheurs

De nos jours, c'est à l'extérieur que nous recherchons les causes et les solutions de tous les problèmes du monde. Dans notre précipitation, nous oublions la plus grande des vérités : la cause de tous les problèmes se trouve dans le mental humain. Nous oublions que le monde ne peut devenir bon que si le mental individuel devient bon. Par conséquent, parallèlement à la compréhension du monde extérieur, il est essentiel d'aller à la découverte du monde intérieur.

7 janvier – Une seule action juste suffit

Nous pouvons agir cent fois de façon correcte, mais une erreur suffit pour que les gens nous renient. Par contre, même après cent fautes, Dieu nous accepte pour une seule action juste. C'est pourquoi, mes enfants, ne vous attachez qu'à Dieu. Dédiez-Lui toute chose.

8 janvier – Affermir notre esprit

Réservez quelque temps chaque jour à la lecture de livres spirituels. Gardez à votre disposition un livre des enseignements de votre maître, la Bhagavad Gita, le Ramayana, la Bible ou le Coran pour la lecture quotidienne. Apprenez-en par cœur au moins un verset chaque jour. Lisez également d'autres livres spirituels quand vous en avez le temps. La lecture des biographies et des enseignements des grands maîtres nous aide à affermir notre esprit de renoncement et à comprendre aisément les principes spirituels.

9 janvier – S'abandonner

Mes enfants, offrons notre mental à Dieu. Ce n'est pas facile, car le mental n'est pas un objet qu'on peut simplement prendre et donner. Mais quand nous abandonnons un objet auquel notre mental est attaché, cela équivaut à offrir le mental à Dieu. Donner les biens auxquels le mental est attaché revient à faire don du mental. Seules les prières d'un cœur qui a développé cette attitude d'abandon portent leurs fruits. Dieu n'a pas besoin de notre fortune ni de notre prestige. Le soleil n'a pas besoin de la lumière d'une chandelle. Notre richesse matérielle s'évanouira un jour ou l'autre, c'est inévitable. Mais si nous aimons Dieu au lieu d'aimer les biens matériels, nous posséderons la joie éternelle.

10 janvier – **Faire vœu de non-violence**

Le principe de la non-violence devrait devenir le vœu de notre vie. Cela signifie : s'abstenir de causer du tort à qui que ce soit, par la pensée, la parole et l'action.

11 janvier – **Développer notre conscience**

Nous avons tendance à nous enorgueillir de notre savoir, mais si nous réfléchissons un instant, nous nous rendrons compte que nous menons le plus souvent une vie inconsciente. Combien de fois par jour sommes-nous réellement conscients de notre propre corps ? Quand nous mangeons, nous n'avons conscience ni de la main qui nous nourrit, ni de la langue dans notre bouche. Quand nous marchons, nous n'avons pas conscience de nos jambes. Sommes-nous conscients de notre respiration ? Quand nous regardons autour de nous et observons la beauté et la laideur qui nous entourent, sommes-nous conscients de nos yeux ? Nous menons une vie inconsciente.

12 janvier – **Ne rien attendre**

Mes enfants, agissez toujours sans rien attendre du fruit de l'action. L'attente est la cause de notre souffrance.

13 janvier – **Regarder le monde avec des yeux bien ouverts**

Faire preuve de compassion envers ceux qui souffrent est notre devoir envers Dieu. Le premier pas d'une démarche spirituelle, c'est le service désintéressé au monde. Si les gens qui méditent s'attendent à ce qu'un troisième œil s'ouvre une fois qu'ils auront fermé les deux autres, ils vont être déçus car cela ne se produira pas. Nous ne pouvons pas fermer les yeux au monde au nom de la spiritualité et espérer progresser. La réalisation spirituelle c'est voir, les yeux grands ouverts, qu'au-delà des apparences il y a unité de toutes choses.

14 janvier – Équilibrer le matériel et le spirituel

À mesure que notre conscience du but grandit, nos attachements pour les plaisirs matériels tombent naturellement. L'important n'est pas tant d'abandonner les plaisirs que d'avoir l'attitude juste envers eux. L'harmonie ne peut régner dans la société qu'à condition que les deux aspects de la vie, le matériel et le spirituel, soient en équilibre, comme les deux ailes d'un oiseau.

15 janvier – Un monde pur de tout égoïsme

Nul n'aime autrui plus que lui-même. L'amour de tout être humain repose sur la quête égoïste de son propre bonheur. Si notre ami ne nous apporte pas le bonheur que nous attendons, il devient notre ennemi. C'est ce que l'on peut observer dans le monde. Dieu seul nous aime sans égoïsme. Et c'est en L'aimant que nous parvenons à aimer et à servir nos semblables de manière désintéressée. Seul le monde de l'Éternel est pur de tout égoïsme. Tournons donc notre amour et notre attachement vers Lui seul. Ainsi, nous ne serons pas abattus si quelqu'un nous abandonne ou nous fait du tort.

16 janvier – Vérité immuable

L'humanité n'a pas besoin d'une vérité nouvelle. Ce qui est nécessaire, c'est de voir la vérité qui existe déjà.

Il n'y a qu'une seule vérité, qui brille constamment en chacun de nous. Cette seule et unique vérité ne peut être ni nouvelle ni ancienne. Elle demeure toujours la même, immuable, toujours neuve. Demander une vérité nouvelle, c'est un peu comme si un élève disait à son institutrice : « Madame, vous nous dites depuis si longtemps que deux et deux font quatre, c'est si vieux. Ne pourriez-vous pas nous dire quelque chose de neuf, comme par exemple : "deux et deux font cinq", pour changer un peu ? »

On ne peut pas changer la Vérité. De tout temps elle existe et demeure la même.

17 janvier – Unité et amour

Il nous faut voir et comprendre l'intérieur, l'essence des religions, et cela d'un point de vue spirituel. C'est seulement ainsi que les rivalités entre les différentes religions prendront fin. Là où il y a division, il ne peut y avoir d'expérience spirituelle authentique et là où il y a expérience spirituelle, il ne peut y avoir de division, il n'y a qu'unité et amour.

18 janvier – Complétude

En profondeur, il y a un homme en toute femme et une femme en tout homme. Il y a des siècles que cette vérité a été révélée aux grands sages et visionnaires au cours de leur méditation. C'est ce que symbolise la conception du dieu mi-homme, mi-femme dans la religion hindoue. Que vous soyez un homme ou une femme, votre véritable humanité ne se révélera que lorsque les vertus féminines et masculines en vous seront équilibrées.

19 janvier – Inutile d'accuser la vie

Imaginons que nous déclarions : « Je ne peux faire un pas de plus sous le soleil, je suis exténué de chaleur » alors que nous portons une ombrelle sous le bras : telle est notre situation actuelle. Si nous avions ouvert notre ombrelle pour nous abriter, nous ne serions pas épuisés par le soleil. La puissance et les vertus spirituelles existent en nous mais nous n'en avons pas conscience, alors nous souffrons. Inutile d'accuser la vie. Il suffit que nous nous libérions de l'ego et que nous installions Dieu à sa place. La vérité et les nobles idéaux, c'est l'Un. Mais il n'y a pas de place pour de tels idéaux dans un mental rempli par le sens du « moi ». L'ego doit être dissous au moyen de l'humilité. Alors, grâce à la puissance qui est en nous, nous serons en paix. En chauffant du métal dans le feu, nous pouvons lui faire prendre la forme désirée. De même, en offrant notre ego dans le feu de Dieu, nous pouvons nous transformer et revenir à notre vraie nature.

20 janvier – Nous sommes Un

Il n'y a pas de différence entre le Créateur et la création. Fondamentalement, ils sont une seule et même chose : pure Conscience. Aussi devons-nous apprendre à aimer également tous les êtres, parce qu'en essence nous sommes tous Un ; nous sommes une seule âme (le Soi). Bien qu'extérieurement tout paraisse différent, intérieurement tout est la manifestation du Soi absolu.

Dieu est la pure Conscience qui demeure à l'intérieur de toute chose. À nous de comprendre cette vérité et d'apprendre ainsi à accepter et à aimer également tous les êtres.

21 janvier – Tous les chemins conduisent au même but

Selon leur culture, les gens ont des goûts variés et les maîtres spirituels ont indiqué diverses voies, adaptées à ces goûts. Si les chemins semblent différents, leur essence est la même et ils conduisent tous au même but.

22 janvier – Le royaume de l'Esprit

Le mental qui a goûté ne serait-ce qu'un peu à la spiritualité ne peut plus trouver le bonheur dans les objets du monde. Si un homme épouse une autre que sa bien-aimée, il sera malheureux avec son épouse, parce que son mental ira vers celle qu'il aime. De même, le mental qui s'est tourné vers la spiritualité ne peut plus se satisfaire du royaume de la matière.

23 janvier – Placer notre confiance dans la sagesse

On ne voit pas le courant qui passe dans un fil électrique. Direz-vous pour autant qu'il n'y a pas de courant parce que vous ne le voyez pas ? Si vous y touchez, vous recevrez une décharge électrique. Cela, c'est l'expérience. Supposons que vous rendiez la liberté à un oiseau. Il s'élève de plus en plus haut dans le ciel et il arrive un moment où il atteint une telle hauteur qu'il n'est plus possible de le voir. Déclarons-nous que l'oiseau n'existe plus parce que nous sommes incapables de le voir ? Est-il logique de décider que nous croyons seulement à ce qui tombe dans les limites de notre champ de vision ? Pour le juge, les déclarations de mille personnes qui affirment qu'elles n'ont pas vu commettre le délit ne prouvent rien. La preuve, c'est la personne qui déclare avoir été témoin des faits. De même, tous ceux qui disent que Dieu n'existe pas ne prouvent rien ; la preuve, ce sont les paroles des sages qui ont fait l'expérience de Dieu.

24 janvier – Dans les profondeurs de l'océan, il n'y a pas de vague

Il est naturel que des désirs et des émotions surgissent dans le mental, mais un certain contrôle est nécessaire. Il est normal d'avoir faim, toutefois nous ne mangeons pas tout ce que nous voyons de comestible. Si nous agissions ainsi, nous tomberions malades. La soif de plaisirs excessifs entraîne aussi la souffrance. Les gens n'en ont pas conscience, mais le plaisir qu'ils retirent des sens vient en réalité de l'intérieur d'eux-mêmes. Ils courent frénétiquement après les plaisirs des sens jusqu'au moment où ils s'écroulent dans un état de souffrance et de désespoir. Puis ils repartent dans leur course avant de s'effondrer à nouveau. Si vous ne recherchez que les plaisirs extérieurs, jamais vous ne trouverez la paix. Apprenez à regarder à l'intérieur, là où réside la vraie félicité. Néanmoins, vous ne la découvrirez pas avant que le mental ne cesse de s'élancer à l'extérieur, avant qu'il ne soit tranquille. Dans les profondeurs de l'océan, il n'y a pas de vague. Vous découvrirez que lorsque vous entrez dans les profondeurs de votre mental, il se calme aussitôt. Alors, il n'y a plus que la béatitude.

25 janvier – Savoir évoluer

Seul un changement intérieur fondé sur une vision spirituelle apportera la paix et mettra fin à la souffrance. La plupart des gens s'entêtent. Leur devise est : « Je ne changerai que si tu changes. » Une telle attitude n'aide personne. Si vous changez, un changement se produit automatiquement chez l'autre.

26 janvier – Adorer Dieu comme l'être aimé

Quand l'amour que vous éprouvez pour votre divinité sera pur, vous verrez sa forme nettement. Tant que vous ne voyez pas Dieu, vous devriez être comme sur des charbons ardents.

Un disciple devrait avoir envers Dieu l'attitude d'un amant envers sa bien-aimée. Son amour devrait être si intense qu'il ne puisse supporter d'être séparé de Dieu, pas même un instant. Si un amant a vu son aimée vêtue de bleu lors de leur dernière rencontre, la moindre trace de bleu lui rappelle sa bien-aimée, lui fait voir son image. Qu'il mange ou qu'il dorme, son esprit n'est préoccupé que d'elle. Quand il se lève le matin, en se brossant les dents ou en buvant sa tasse de café, il se demande ce qu'elle est en train de faire. C'est ainsi que nous devrions aimer notre divinité d'élection : au point d'être incapables de penser à autre chose qu'à l'objet de notre ferveur.

27 janvier – Accomplir son devoir

Un maître spirituel avait un disciple membre de l'armée. Le pays entra en conflit avec une autre nation et la guerre éclata. Le disciple n'avait jamais combattu, et comme il avait entendu de nombreuses histoires au sujet de la guerre, toutes plus terribles les unes que les autres, il était terrifié à la simple mention du mot « guerre ». Il s'enfuit et alla trouver son maître. Il lui dit qu'il voulait renoncer à toute action et souhaitait devenir moine. Le maître savait que le désir de son disciple était issu de la peur et que ce n'était pas par détachement qu'il voulait se faire moine. Il le renvoya donc sur le champ de bataille après lui avoir insufflé le courage nécessaire. Si le maître agit ainsi, ce n'est pas le moins du monde parce que lui-même appréciait la guerre, mais c'est qu'à ce moment précis, le devoir de son disciple était de se battre puisqu'il était soldat.

Il n'est jamais juste de se montrer lâche et de prendre la fuite. Même en prononçant des vœux monastiques, quelqu'un qui manque de courage ne pourra jamais atteindre la libération. Le maître a enseigné au disciple quel était son devoir et lui a donné la force de le suivre. Serait-il juste de dire à un soldat sur le champ de bataille de tout abandonner et de se faire moine, parce que tel est le chemin qui mène à la libération ? Les soldats ont la responsabilité d'assurer la sécurité de leur pays. S'ils y dérogent, ils se trahissent eux-mêmes et ils trahissent aussi leur pays. Lorsque la sécurité d'un pays est en jeu, le rôle du soldat n'est pas de quitter le monde et de se faire moine ; son devoir consiste à combattre. S'il décide de renoncer au monde en un tel moment, il n'y réussira pas, la Nature ne le lui permettra pas.

28 janvier – Canaliser nos pensées

En collant un avis de deux mots sur le mur : « Défense d'afficher », nous évitons des centaines de mots. Certes, l'avis est aussi une forme d'affichage mais il a une fonction plus importante. Il en va de même de la répétition d'un mantra. En le répétant, nous réduisons le nombre des pensées. Quand toutes les pensées disparaissent, à l'exception du mantra, la tension qui les accompagne habituellement s'évanouit. Au moins, pendant que nous le répétons, le mental est calme, libre de toute colère et de tout sentiment négatif. Il est purifié. L'égoïsme diminue et notre cœur s'ouvre. Nous créons ainsi de bonnes vibrations dans la Nature.

En canalisant l'eau de plusieurs bras de rivière, on peut produire de l'électricité. Grâce à la répétition d'un mantra et à la méditation, il est possible de maîtriser la puissance du mental qui, autrement, se perd dans une multitude de pensées. C'est ainsi que nous pouvons conserver et augmenter notre énergie.

29 janvier – L'élan vers les autres

Il est rare que nous soyons prêts à tendre la main aux gens que nous considérons comme ordinaires. Nous ne trouvons pas le temps d'écouter leurs peines, nous ne sommes pas disposés à les aider dans la mesure de notre possible. En réalité, de tels actes constituent aussi une manière d'adorer Dieu. Si seulement nous nous décidions à les aider, nous obtiendrions la clé du royaume de la joie.

30 janvier – Se retirer pour revenir plus fort

Avant de semer les graines, nous préparons le terrain et enlevons les mauvaises herbes, nous labourons le champ pour le rendre meuble et égal ; ensuite, nous pouvons semer. Quand la récolte commence à pousser, il faut encore désherber. Plus tard, lorsque les plantes sont adultes, les mauvaises herbes ne posent plus de problème, car les plantes sont assez fortes pour leur résister et ne seront pas étouffées. Mais tant qu'elles sont jeunes et fragiles, les mauvaises herbes peuvent facilement les détruire.

Au commencement, il faut pratiquer les exercices spirituels dans la solitude et se plonger dans la prière et la méditation sans trop se mêler aux autres. Nous devons nettoyer notre champ et en ôter les mauvaises herbes. Plus tard, lorsque nous aurons consacré un certain temps aux pratiques, nous posséderons la force nécessaire pour surmonter les obstacles extérieurs.

31 janvier – **La forme visible de Dieu**

En regardant la Nature et en observant sa façon désintéressée de donner, nous pouvons prendre conscience de nos propres limitations, ce qui favorise le développement de l'amour et l'abandon de soi à Dieu. Ainsi la Nature nous aide à nous rapprocher du Créateur et nous apprend à L'adorer en vérité. La Nature n'est rien d'autre que la forme visible du Principe de toute chose que nous pouvons percevoir et expérimenter à travers nos organes sensoriels. En aimant et servant la Nature, nous louons véritablement Dieu Lui-même.

FÉVRIER

1er février – **Affirmer nos valeurs**

Le fondement de toutes les valeurs, c'est la spiritualité. Si nous perdons nos valeurs, notre vie deviendra pareille à celle d'un satellite qui a échappé à l'attraction terrestre.

2 février – **Notre pouvoir est infini**

Quand un enfant naît, il est libre de tout conditionnement. Mais ceux qui l'entourent – ses parents, ses frères et sœurs, ses amis, la société – lui inculquent différentes habitudes : ils l'élèvent d'une façon particulière, au sein d'une certaine culture composée d'une langue, d'une nourriture, d'une éducation, d'une religion, de coutumes et d'usages qui lui sont propres. Tout, autour de lui, le conditionne. Nous lui enseignons tout – sauf le pouvoir infini de son propre Soi.

3 février – Développer l'art de l'écoute

Il y a quatre façons de communiquer avec efficacité les uns avec les autres : la lecture, l'écriture, la parole, l'écoute. Nous avons été bien entraînés dès l'enfance à lire, écrire et parler, mais notre capacité à écouter n'est pas si bien développée que les trois autres. C'est pourquoi la plupart des gens ne savent pas écouter. Dieu nous a donné deux oreilles et une seule bouche. Nous devrions donc deux fois plus écouter que parler, mais c'est généralement l'inverse : nous parlons beaucoup sans écouter correctement. Il nous faut développer l'art de l'écoute. Si nous savons écouter, nous en retirerons beaucoup de bienfaits dans notre vie, et nous pourrons plus facilement donner du bonheur aux autres. Cet art nous aidera à agir de façon appropriée en toute situation et nous permettra d'éviter de nombreux problèmes.

4 février – Responsabilité

La plus grave des fautes est de faire le mal en sachant où est le bien.

5 février – Disciples de l'amour

L'amour est notre véritable essence. L'amour n'est pas limité par la religion, la race, la nationalité ou les castes. Nous sommes tous des perles enfilées sur le même fil de l'amour. Éveiller en nous la conscience de cette unité et propager l'amour qui est notre nature intrinsèque, voilà le vrai but de l'existence humaine.

6 février – « Je suis chez moi, je suis arrivé »

La vie devrait ressembler à une excursion. Quand nous voyons un beau paysage, une belle maison ou bien une fleur sur le chemin, nous les regardons avec plaisir. Nous savourons leur beauté, mais nous ne restons pas à cet endroit, nous continuons notre route. Quand il est temps de rentrer, quelle que soit la beauté qui nous entoure, nous partons pour rentrer chez nous parce qu'il n'y a rien de plus important. Ainsi, quelle que soit la manière dont nous vivons dans ce monde, n'oublions pas notre vrai foyer, vers lequel nous devons retourner, n'oublions jamais notre but. Dans cette vie, quels que soient les magnifiques paysages que nous voyons sur le chemin, il n'y a qu'un endroit au monde que nous pouvons vraiment appeler nôtre, où nous pouvons nous reposer et qui est notre source, c'est le Soi.

7 février – Offrandes

Il est possible de surmonter le destin en accomplissant nos actes comme des offrandes à Dieu.

8 février – Un cœur compatissant

Certains croient que Dieu trône quelque part dans les cieux et dépensent de l'argent à profusion pour Lui plaire. Mais la grâce de Dieu ne s'obtient pas à prix d'argent. Le service des pauvres, voilà ce que Dieu apprécie plus que tout. Si un pauvre reçoit aide et réconfort, cela plaît à Dieu beaucoup plus que des millions dépensés pour organiser une fête religieuse ostentatoire. La grâce de Dieu descend sur vous lorsqu'Il vous voit essuyer les larmes d'une âme qui souffre. Dieu se précipite dans un cœur aussi pur et en fait Sa demeure. Un cœur compatissant est pour Dieu plus précieux qu'un divan recouvert de soie ou un trône en or.

9 février – Expérimenter le véritable Amour

Il y a amour et Amour. Vous aimez votre famille, mais vous n'aimez pas votre voisin. Vous aimez votre fils ou votre fille, mais vous n'aimez pas tous les enfants. Vous aimez votre père et votre mère, mais vous n'aimez pas les autres de la même façon. Vous aimez votre religion, mais pas toutes les religions. Il se peut même que vous éprouviez de l'aversion envers les adeptes d'autres croyances. De même, vous aimez votre pays mais pas tous les pays et peut-être d'autres peuples vous inspirent-ils de l'antipathie. Il ne s'agit donc pas d'un amour véritable. Ce n'est qu'un amour limité. La transformation de cet amour limité en Amour divin est le but de la spiritualité. C'est dans la plénitude de l'Amour que s'épanouit la fleur merveilleuse et parfumée de la compassion.

10 février – **Prendre notre innocence par la main**

Le point commun qui relie les hommes et la Nature, c'est leur innocence innée. Lorsque nous voyons un arc-en-ciel ou les vagues de l'océan, ressentons-nous toujours la joie innocente d'un enfant ? Un adulte qui interprète un arc-en-ciel en termes d'ondes lumineuses ne connaîtra pas la joie et l'émerveillement de l'enfant devant l'arc-en-ciel ou les vagues de l'océan.

La foi en Dieu est le meilleur moyen de préserver cette innocence enfantine chez les êtres humains. En retour, la foi et la dévotion jaillissent de l'innocence et grâce à elle, un croyant voit Dieu en tout, qu'il s'agisse d'un arbre ou d'un animal ; il Le perçoit dans chacun des aspects de la Nature. Il vit alors en parfaite harmonie, en accord avec la Nature. Et le fleuve d'amour infini qui s'écoule d'un véritable croyant vers la création tout entière produit un effet doux et apaisant sur son environnement. Cet amour est la meilleure protection de la Nature.

La perte de l'innocence vient avec le développement de l'égocentrisme. Alors l'être humain s'aliène la Nature et l'exploite. L'homme est inconscient de la menace qu'il représente pour la Nature. En la maltraitant, il pave le chemin de sa propre destruction.

11 février – « Je choisis où je veux aller »

Si vous creusez un puits en haut d'une montagne, vous ne trouverez peut-être pas d'eau, même à une grande profondeur. Mais près d'une rivière, il suffit de creuser un petit trou pour que l'eau jaillisse aussitôt. De même, auprès d'un véritable maître, vos vertus brilleront rapidement et vos pratiques spirituelles porteront bientôt leurs fruits. Pour le moment, vous êtes l'esclave de vos sens, mais si vous vivez en accord avec la volonté du maître, les sens deviendront vos esclaves.

12 février – La charité nourrit notre âme

N'oubliez pas de réserver au moins une heure par jour au service d'autrui. Tandis que les aliments que nous mangeons nourrissent notre corps, c'est ce que nous donnons en charité qui nourrit notre âme. Si vous n'avez pas le temps de le faire tous les jours, réservez au moins quelques heures chaque semaine pour des actes d'altruisme et de générosité.

13 février – **S'ouvrir à la grâce de Dieu**

Le soleil répand partout sa lumière. Il nous suffit d'ouvrir les portes et les fenêtres pour en profiter. De même, Dieu répand constamment Sa grâce, mais pour la recevoir, il nous faut ouvrir les portes de notre cœur. La compassion de Dieu est infinie. C'est notre propre mental qui manque de compassion envers nous et qui constitue un obstacle, nous empêchant ainsi de recevoir la grâce de Dieu.

14 février – **La mère universelle**

Qu'il s'agisse d'un homme ou d'une femme, toute personne ayant le courage de dépasser les limites du mental peut parvenir à l'état de mère universelle. L'amour qui jaillit de l'éveil du sentiment maternel, c'est un amour et une compassion que l'on n'éprouve pas seulement envers ses propres enfants, mais envers tous les êtres humains, envers les animaux et les plantes, les pierres et les rivières, un amour qui s'étend à toute la nature, à tous les êtres du cosmos. Cet amour, cette « maternité », c'est l'amour divin, et c'est Dieu.

15 février – **Découvrir l'inconnaissable**

La science, qui s'est jusqu'à présent développée grâce à l'intellect humain, ne peut maintenant progresser qu'au moyen de la méditation. Seule la connaissance du Soi intérieur lui permettra d'atteindre son apogée. Pour la science moderne, le monde se divise en deux catégories : le connu et l'inconnu. Mais c'est l'inconnaissable, ce qui est bien au-delà de l'intellect, que nous devons chercher à découvrir. Cet inconnaissable est l'Éternel, notre véritable Soi.

16 février – Œuvrer pour une paix durable

Les chefs des trois religions A., B., C. décidèrent d'organiser une réunion pour établir la paix. Dieu, ravi de leurs efforts, leur envoya un ange. Celui-ci leur demanda ce qu'ils désiraient ; le chef de la religion A. déclara : « La religion B. est la source de tous les problèmes. Je t'en prie, raye-la de la surface de la terre ! » Le dirigeant de la religion B. dit : « C'est la religion A. qui est à l'origine de toutes nos difficultés. Il faut la réduire en cendres ! » Quelle déception pour l'ange ! Il se tourna avec espoir vers le troisième participant. D'une mine grave et humble, celui-ci dit : « Je n'ai aucun désir personnel. Il me suffit que tu exauces le désir de mes deux collègues ! »

Cette histoire est une parodie des efforts contemporains pour la paix. Même quand les gens se sourient, la haine et la méfiance règnent en eux. La paix est essentielle pour nous tous. Or la paix, ce n'est pas seulement l'absence de guerres et de conflits ; cela va bien au-delà : c'est l'esprit d'harmonie à l'intérieur de nous. La paix doit se cultiver à l'intérieur de l'individu, de la famille, de la société. Pour instaurer la paix dans le monde, il ne suffit pas de mettre les armes nucléaires de tous les pays au musée. Il est nécessaire d'éliminer au préalable les armes nucléaires du mental.

Seuls ceux qui sont établis dans la paix intérieure peuvent donner la paix aux autres. Tant que nous ne sommes pas délivrés de la haine et de l'hostilité que nous portons en nous, tous nos efforts pour parvenir à une paix durable échoueront forcément car ils seront entachés par nos préférences et par nos aversions personnelles.

17 février – Le corps n'est qu'un instrument du Soi

Lorsque nous arrêtons d'agiter un éventail, le petit courant d'air frais cesse, mais cela ne signifie pas qu'il n'y a plus d'air. Quand un ballon éclate, l'air qui se trouvait à l'intérieur ne disparaît pas pour autant. Il existe toujours. De même, le Soi est partout. Dieu est partout. La mort se produit, non pas parce que le Soi est absent, mais à cause de la destruction du corps, instrument du Soi. Au moment de la mort, celui-ci cesse de manifester la conscience du Soi. La mort marque donc la fin de l'instrument et non quelque imperfection dans le Soi.

18 février – **Le miracle de l'instant**

Mes enfants, même si nous perdons un million de dollars, nous pouvons les recouvrer. Mais si nous perdons une seconde, elle ne nous sera pas rendue. Chaque moment pendant lequel nous ne nous souvenons pas de Dieu est pour nous une perte irrémédiable.

19 février – **Devenir pur**

Nous aurons beau répéter notre mantra un million de fois et faire d'innombrables pèlerinages, jamais nous ne trouverons Dieu si nous nourrissons de mauvais sentiments envers les autres ou si nous les piétinons pour obtenir ce que nous voulons. Quand on verse du lait dans un récipient sale, le seul résultat, c'est que le lait tourne. Les bonnes actions purifient le mental.

20 février – **Vivre enfin !**

Rester debout au milieu des flammes, voilà à quoi ressemble la vie spirituelle.

21 février – L'expérience est le chemin

La religion ne se limite pas aux paroles des Écritures. C'est un art de vivre dont la beauté et le charme s'expriment à travers l'amour et la compassion de ceux qui vivent selon ses valeurs. Tout ce qu'Amma a dit jusqu'à maintenant est comparable à ce qui est écrit sur l'étiquette d'un flacon de médicaments. Il ne suffit pas de la lire pour guérir : il faut prendre les médicaments. Vous ne pouvez pas goûter la douceur du miel en léchant un morceau de papier sur lequel est écrit le mot « miel ». De même, les principes énoncés dans les textes religieux doivent être contemplés, médités et finalement mis en application.

22 février – Aiguiser notre discernement

La méditation et la spiritualité sont inséparables de la vie. Si nous désirons que nos pensées et nos actions soient claires et subtiles, il faut que nous soyons capables de méditer et que notre vision de la vie soit centrée sur la spiritualité, cela est capital. Séparer la vie de la spiritualité est signe d'ignorance. Si le corps a besoin de nourriture et de sommeil pour rester en bonne santé, le mental a besoin d'une vision spirituelle de la vie.

23 février – Cultiver les bonnes pensées

L'attachement et l'aversion ne sont pas des objets qu'il nous est loisible de prendre et de rejeter. Les bulles à la surface de l'eau éclatent si nous essayons de les saisir ; il est impossible de les attraper. De même, nous ne pouvons pas expulser de notre mental pensées et émotions. Si nous tentons de les refouler, elles ne feront que redoubler de force et nous créer des problèmes. Seule la contemplation nous permettra d'éliminer nos émotions négatives. Examinons nos tendances négatives et efforçons-nous de les remplacer par de bonnes pensées. Il est impossible de les éliminer par la force. Si nous versons de l'eau pure dans un gobelet d'eau salée et continuons quand il est plein, la teneur en sel s'affaiblira et nous obtiendrons finalement un verre d'eau pure. De même, c'est en cultivant de bonnes pensées que nous pouvons éliminer les mauvaises.

24 février – Accepter, c'est se libérer

Naître implique de connaître à la fois le bonheur et la souffrance, car telle est la nature de la vie. Le bonheur et la souffrance alternent en accord avec nos actions. L'eau est naturellement fraîche et le feu chaud. La nature d'une rivière est de couler ; elle coule, sans se fixer nulle part. Si vous en avez conscience, il vous est possible d'accepter joyeusement et le plaisir et la douleur. Aucune difficulté en ce monde n'affecte ceux qui comprennent cela. Ils sont dans une paix constante. C'est cela, la libération.

25 février – Habiter sa foi

La spiritualité est le ciment qui fortifie l'édifice de la société. Pratiquer une religion et vivre sans assimiler la spiritualité, cela revient à construire une tour en se contentant d'empiler des briques, sans jamais utiliser de ciment : elle s'effondrera au moindre coup de vent. La foi religieuse sans spiritualité est inerte, comme une partie du corps coupée du flot de la circulation sanguine.

26 février – Avancer ensemble

Les êtres réalisés ne voient aucune différence entre masculin et féminin. S'il existe quelque part dans le monde des règles qui empêchent les femmes de jouir de la liberté qui leur revient de droit, qui les empêchent de progresser dans la société, ces règles ne sont pas les commandements de Dieu, ce sont des produits de l'égoïsme des hommes.

Lequel de nos yeux est le plus important, le gauche ou le droit ? Ils ont tous deux une importance égale. Il en va de même du statut des hommes et des femmes au sein de la société. Les hommes comme les femmes devraient avoir conscience de la spécificité de leurs responsabilités. Hommes et femmes doivent s'entraider. C'est la seule manière pour nous de maintenir l'harmonie dans le monde. Quand ils deviendront des forces complémentaires en avançant ensemble dans un esprit de coopération, avec un sentiment de respect mutuel, ils atteindront la perfection.

27 février – Voir au-delà des rituels et des traditions

Le but de toutes les religions est le même : la purification du cœur humain. Vaincre notre égoïsme, aimer et servir nos frères humains, s'élever au niveau de la conscience universelle, ces objectifs sont communs à toutes les religions. L'essence de la religion est d'encourager l'épanouissement de ces valeurs humaines et d'éveiller chez les gens la conscience de leur divinité innée.

Les fondateurs de toutes les religions sont parvenus à la réalisation des idéaux les plus nobles et les ont mis en pratique dans leur vie. Mais leurs disciples ont souvent échoué à suivre leur exemple. Au lieu de nous concentrer sur les principes religieux de l'amour et de la compassion, nous accordons la primauté aux rituels extérieurs et aux traditions, qui varient selon les religions. C'est ainsi que ces religions qui, à l'origine, visaient à apporter la paix et à éveiller le sens de l'unité, ont servi à répandre la guerre et les conflits. Il ne s'agit pas de nier l'importance des disciplines et des traditions religieuses. Elles ont en effet leur rôle à jouer. Elles sont nécessaires à notre développement spirituel. Mais n'oublions jamais que ces traditions constituent le moyen d'atteindre le but, non le but lui-même.

28 février – Devenir une flûte dans les mains du Seigneur

L'ego, voilà la seule chose que nous avons créée et c'est à cela qu'il faut renoncer. Nous devons l'abandonner à Dieu. Ensuite, il ne reste plus que ce qui a été créé par Dieu. Nous devenons alors une flûte qu'Il porte à Ses lèvres ou le son qui jaillit de Sa conque. Pour accéder au niveau de l'infini, il suffit de se libérer du mental individuel, notre propre création. Une fois que nous avons renoncé au « moi » et au « mien », il n'y a plus d'individu limité ; il n'y a plus que Cela, la réalité présente en tout.

29 février – Se tourner vers Dieu, sans attendre

Si vous croyez que vous commencerez à vous concentrer sur Dieu quand vous aurez surmonté toutes les difficultés et que votre mental sera en paix, vous vous trompez, parce que cela n'arrivera jamais.

Jamais vous n'atteindrez Dieu de cette manière. Il est inutile d'attendre que la paix intérieure vienne.

La persévérance est la seule manière de vous améliorer. À tout instant vous pouvez tomber malade ou bien perdre vos facultés mentales, et votre vie aura été inutile. Suivons donc le chemin qui mène à Dieu dès maintenant. C'est ce qu'il faut faire.

MARS

1er mars – Un mental aussi vaste que le ciel

Un camion traversait un jour un village quand soudain le moteur prit feu. Le conducteur sauta rapidement de son siège et chercha aussitôt une cabine téléphonique pour appeler les pompiers. Mais quand ils arrivèrent, tout l'avant du camion avait déjà brûlé. Quand ils soulevèrent la bâche pour voir ce que le camion transportait, ils furent surpris de découvrir un chargement d'extincteurs ! Si le chauffeur avait su ce qu'il transportait, le désastre aurait pu être évité.

Ainsi, la peur nous empêche souvent de prendre conscience de la puissance latente qui est en nous. Sous l'effet de la peur, notre mental se rétrécit, se flétrit. Il devient pareil à un puits desséché. La peur limite notre monde à une petite cellule de ténèbres, comme l'univers d'une tortue qui se réfugie dans sa carapace à la vue d'un prédateur. Nous perdons la puissance du Soi. Un mental qui ignore la peur, en revanche, est aussi vaste que le ciel.

2 mars – La Nature, notre mère nourricière

Notre première mère, c'est la Nature. Elle nous nourrit toute la durée de notre vie. Notre mère physique nous permet peut-être de nous asseoir sur ses genoux pendant quelques années, mais la Nature supporte patiemment notre poids durant notre vie entière. Elle nous chante des berceuses, nous nourrit et nous caresse. De même qu'un enfant a des obligations envers sa mère, nous devrions tous avoir le sentiment d'une dette envers Mère Nature. Oublier cette responsabilité revient à nous oublier nous-même. Si nous oublions la Nature, nous cesserons d'exister ; agir ainsi, c'est emprunter le chemin qui mène à la mort.

3 mars – S'enraciner dans l'amour pur

Dans la vie profane, hommes et femmes ont des besoins et des droits spécifiques tandis qu'ils se battent pour gagner de l'argent, une situation, du pouvoir et leur liberté. Ils font des efforts acharnés dans ce but et y consacrent beaucoup de temps et d'énergie. Ils devraient se poser cinq minutes et se rappeler dans un petit coin de leur mental que sans amour, rien ne leur donnera une réelle satisfaction. Ni argent, ni situation, ni célébrité, rien ne les rendra réellement heureux. Le mental, l'intellect et le corps doivent être fermement enracinés dans l'amour pur qui est le noyau de l'existence. Il est essentiel d'effectuer son travail à partir de ce centre d'amour.

4 mars – S'épanouir dans un éclat de rire

Notre vie devrait s'épanouir dans un éclat de rire. C'est cela la religion, c'est cela la spiritualité et la prière authentique. Dieu est le sourire spontané qui s'épanouit à l'intérieur. C'est ce que nous pouvons donner au monde de plus précieux.

5 mars – Les vertus de la répétition

Bien que nous ne fassions qu'un avec le Créateur, actuellement nous n'avons pas la maîtrise de notre mental et ne sommes donc pas conscients de cette unité. Nous devons contrôler le mental de la même manière que nous utilisons la télécommande de la télévision pour sélectionner la chaîne que nous désirons. Notre esprit court après une foule de choses. Répéter le nom divin est une manière facile de ramener le mental vagabond et de le concentrer sur Dieu.

6 mars – **Choisir l'humilité**

Personne ou presque ne souhaite cultiver l'humilité. Les gens en sont dépourvus car ils tirent vanité de ce qui est irréel. Le corps est une forme remplie uniquement d'ego, du sens du « moi » ; il est pollué par l'ego, la colère et les désirs. Pour le purifier, il est nécessaire de développer des qualités telles que l'humilité et la modestie. En laissant l'ego se perpétuer, vous ne faites qu'accroître la vanité que vous tirez du corps. Pour éliminer cet ego, vous devez être prêt à faire preuve d'humilité et à vous incliner devant autrui.

7 mars – **Chaque nom est Sien**

Quel que soit le nom que vous Lui donnez, la Puissance Divine est la même. Les gens chérissent dans leur cœur des représentations variées de Dieu. Ils Le connaissent sous des noms différents, mais la Conscience omniprésente est au-delà de tous les noms. Ce n'est pas une personne qui ne répondrait qu'à l'appel de certains noms. Il demeure dans notre cœur et Il le connaît. Le nombre des noms de Dieu est infini. Chaque nom est Sien.

8 mars – **Féconde discipline**

Aucun progrès n'est possible sans discipline. Une nation, une institution, une famille ou un individu ne peuvent avancer qu'en se conformant aux paroles de ceux qui méritent le respect et en obéissant à des lois et des règles adéquates. Mes enfants, l'obéissance n'est pas une faiblesse. L'obéissance, alliée à l'humilité, conduit à la discipline.

9 mars – Tout oublier en Sa présence

Quand Amma pense à l'amour de Dieu, c'est l'histoire de la femme de Vidoura qui lui vient à l'esprit. Ils étaient tous deux d'ardents dévots du Seigneur Krishna, et Vidoura L'invita un jour à venir chez eux. Le couple attendait avec ferveur le jour de la visite du Seigneur. Ils ne pensaient à rien d'autre. Comment allaient-ils Le recevoir ? Qu'allaient-ils Lui offrir ? Qu'allaient-ils Lui dire ? Le jour tant attendu arriva enfin. Comme l'heure de son arrivée approchait, la femme de Vidoura alla prendre son bain. Et c'est à ce moment-là que Krishna arriva, plus tôt que prévu. Une servante vint l'en informer. Alors elle sortit en courant, criant : « Krishna ! Krishna ! » Elle avait complètement oublié qu'elle était en train de prendre son bain. Elle Lui apporta des fruits et Lui prépara un siège. Et en faisant tout cela, elle ne cessait de répéter : « Krishna ! Krishna ! » Dans son état de dévotion, elle n'avait conscience de rien d'autre. Elle finit par s'asseoir sur le siège réservé au Seigneur, alors que Lui s'asseyait par terre ! Elle en était complètement inconsciente. Elle se mit à peler une banane, jeta le fruit et, avec amour, offrit la peau au Seigneur qui, tranquillement assis, savoura son offrande. C'est alors que Vidoura arriva sur les lieux. Quelle ne fut pas sa consternation devant le spectacle : sa femme, complètement nue et trempée, assise sur le siège de Krishna, alors que le Seigneur était assis par terre ! Il n'en croyait pas ses yeux ! Elle jetait les bananes et en donnait la peau à manger à Krishna ! Et Krishna appréciait tout cela comme s'il n'y avait rien de plus naturel.

Vidoura était furieux. « Oh, méchante femme, à quoi penses-tu donc ? » cria-t-il à son épouse. C'est alors seulement qu'elle revint à elle et prit conscience de ce qu'elle était en train de faire. Elle sortit en courant pour se vêtir et revint un peu plus tard. Elle et son mari firent asseoir le Seigneur sur le siège préparé à cet effet et ils rendirent à ses pieds le culte prévu. Ils Lui offrirent les nombreux plats délicats qu'ils avaient préparés. Elle choisit une magnifique banane, la pela soigneusement et la Lui offrit. Quand tout fut terminé, Krishna dit : « Vous avez accompli les rituels exactement selon la tradition, mais rien ne peut égaler l'accueil que j'ai reçu quand je suis arrivé ! Ce que vous m'avez offert ensuite n'était pas aussi bon que les peaux de banane que j'ai savourées en premier. » C'est que la femme de Vidoura, dans son adoration, avait perdu toute conscience d'elle-même au moment où elle Lui offrait la peau de banane.

Mes enfants, c'est cette dévotion-là qu'il nous faut, celle qui fait que l'on oublie tout en présence de Dieu.

10 mars – **S'immerger dans le fleuve d'amour**

Quand les entraves disparaissent – l'ego, la peur, le sentiment de la différence –, vous ne pouvez qu'aimer et cet amour-là n'attend rien en retour. Vous ne vous préoccupez pas de recevoir, vous vous contentez de suivre le courant. Quand vous êtes dans le fleuve d'amour, vous êtes baigné par ses eaux, que vous soyez en bonne santé ou malade, homme ou femme, riche ou pauvre. Plongez-y autant de fois que vous voudrez, cela ne fait aucune différence pour le fleuve d'amour. Qu'on le critique ou le maltraite, il n'y prête aucune attention, il se contente de couler.

11 mars – **Aider les autres**

Nuire aux autres, c'est se nuire à soi-même ; aider les autres, c'est s'aider soi-même.

12 mars – **Un monde aux nombreux pétales**

Ce monde est comme une fleur dont chaque nation est un pétale. Si un pétale est malade, les autres n'en sont-ils pas affectés ? La maladie ne détruit-elle pas la vie et la beauté de la fleur ? N'est-il pas du devoir de chacun d'entre nous de protéger et de préserver la beauté et le parfum de cette fleur qu'est la terre, afin qu'elle ne soit pas détruite ? Notre monde est une immense et magnifique fleur aux nombreux pétales. La paix réelle et l'unité ne seront possibles que si nous comprenons cette vérité, si elle se grave profondément en nous. La lutte acharnée entre les nations est comparable à une compétition entre les pétales d'une même fleur. Chaque nation tirant la corde à soi, tous les pétales se faneront et la fleur entière sera détruite. La division ne fait que dissiper notre énergie et notre vitalité ; la véritable force est dans l'unité.

13 mars – La mort comme un commencement

Les gens demandent pourquoi on meurt malgré la présence de l'âme suprême.

La mort n'est que la rupture, la fin du véhicule. Le véhicule (le corps) est faible.

En écrivant, on termine une phrase par un point avant d'en commencer une autre. La mort, c'est comme ce point. Ce n'est pas une fin. C'est pour passer à autre chose. Si on connaît ce principe-là, la mort devient une joie, une merveilleuse sensation. Comme de plonger dans l'eau. Nous passons simplement à l'étape suivante.

14 mars – Noble bonté

Le monde a aujourd'hui besoin de gens dont les paroles et les actes expriment la bonté. Si nous prenons exemple sur de tels modèles de noblesse, les ténèbres qui règnent aujourd'hui dans notre société seront dispersées et la lumière de la paix et de la non-violence viendra à nouveau illuminer cette terre. Œuvrons ensemble à ce dessein.

15 mars – Harmoniser les notes de notre vie

Actuellement, notre foi est comme un membre artificiel : sans vie. Nous n'avons pas établi avec la foi une relation profonde, venant du cœur, car elle n'a pas la place qu'elle devrait avoir dans notre existence.

Nous vivons à une époque scientifique. L'intellect et la faculté de raisonner ont atteint des hauteurs vertigineuses, mais, curieusement, la foi et la confiance de ceux dont l'intellect est le plus développé se cantonne aux voitures, aux télévisions et aux ordinateurs, objets qui risquent à tout instant de se détériorer ou de tomber en panne. Nous sommes profondément attachés à ces choses et aux petits conforts qu'elles nous procurent. Si elles s'abîment ou sont détruites, nous nous hâtons de les réparer. Mais nous ne réalisons pas qu'en fait, la réparation urgente, c'est nous qui en avons besoin, car nous avons perdu la foi en notre Soi, la foi en notre cœur et ses perceptions délicates. Le même homme qui fait preuve d'une grande patience pour réparer sa télévision ou son ordinateur n'en a aucune quand il s'agit d'harmoniser les notes de sa propre vie.

Peu à peu, l'obscurité enveloppe le monde. Le spectacle que nous observons autour de nous est pitoyable. Les gens dissipent toute leur énergie et leur vitalité à courir après des objets de plaisir, puis ils s'effondrent. L'être humain a outrepassé les limites raisonnables établies par la nature. Ce qui ne veut pas dire que les plaisirs de ce monde sont interdits. Ils sont permis. Mais n'oubliez pas cette grande vérité : la jouissance et le bonheur que vous retirez des plaisirs sensuels et des objets du monde ne sont qu'un pâle reflet de la béatitude infinie qui vient de votre propre Soi. Sachez que votre nature est félicité.

16 mars – **Prendre refuge en ce qui est vrai**

Amma a des millions d'enfants. Si vous ne dépendez que de son amour extérieur, vous serez jaloux chaque fois qu'elle montre de l'affection à quelqu'un d'autre. L'Amma extérieure que vous voyez est comme le reflet d'une fleur dans un récipient rempli d'eau. Il est impossible de se l'approprier, parce qu'il ne s'agit que d'un reflet. Pour atteindre la Vérité, il vous faut rechercher le réel. Il ne suffit pas de prendre refuge en un reflet : prenez refuge en ce qui est vrai. Si vous aimez Amma, aimez-la en ayant conscience du Principe réel. Lorsque vous aurez intégralement saisi ce Principe, votre mental ne s'attachera à rien d'extérieur. C'est seulement ainsi que vous atteindrez la béatitude éternelle.

17 mars – **Étancher notre soif d'amour**

Comment l'amour, qui est la nature même de l'être humain et son devoir, a-t-il pu devenir un masque ? C'est à force d'agir sans humilité et de refuser le compromis qu'on se dénigre soi-même et que l'amour devient factice. Par exemple, croyez-vous que le simple fait de rester debout sur la rive d'un fleuve et de le regarder puisse étancher votre soif ? Si vous voulez vous désaltérer, il faut vous baisser au niveau de l'eau et boire. À quoi servirait-il de rester debout et de maudire la rivière ? Il est tout aussi facile d'étancher notre soif d'amour et de boire son eau cristalline. Il suffit de lâcher prise.

18 mars – **Renoncer à notre égoïsme**

Un homme est assis, la nuit, devant sa maison, une bougie allumée à côté de lui. Un coup de vent éteint soudain la chandelle. C'est alors seulement que ses yeux s'ouvrent à la beauté de la pleine lune, souriante, et du clair de lune rafraîchissant. Le vent ne saurait éteindre le clair de lune. Ainsi, lorsque nous renonçons à notre égoïsme, le bonheur que nous recevons en échange est immense et éternel.

19 mars – Pardonner toujours

Mes enfants, peut-être vous dites-vous : « En pardonnant toujours, est-ce qu'on ne devient pas un lâche ? Est-ce qu'on ne perd pas son discernement ? » C'est tout le contraire qui se produit : le pardon permet aux deux parties de progresser. Seuls ceux qui comprennent ce principe peuvent développer la capacité de servir de manière réellement désintéressée. Le véritable service désintéressé est accompli dans un esprit d'abandon total. C'est un cercle sans commencement ni fin, parce que c'est aimer pour aimer. Lorsqu'on a cette attitude, il n'y a aucune attente. Dans cet état intérieur, nous percevons tous ceux qui travaillent avec nous comme une bénédiction envoyée par Dieu. Ce n'est possible que lorsque notre amour est présent et c'est seulement alors que nous pouvons pardonner aux autres et oublier leurs erreurs.

20 mars – Déjouer les pièges du mental

Jusqu'à présent vous avez placé votre confiance dans le mental. Mais celui-ci ressemble à un singe qui saute de branche en branche, d'une pensée à l'autre, et il continuera jusqu'au dernier instant. Si vous faites de lui votre compagnon, c'est comme si vous preniez pour ami un imbécile : il vous causera toujours des ennuis. Vous n'aurez jamais la paix. La compagnie des sots vous rendra sot. Il est stupide de placer sa confiance dans le mental et de faire ce qu'il veut. Ne vous laissez pas piéger. Rappelons-nous toujours le but : la réalisation du Soi. Veillons à ne pas nous laisser égarer par les distractions qui apparaissent le long du chemin.

21 mars – Nos aptitudes sont un trésor

Les aptitudes que Dieu nous a données sont un trésor, autant pour nous-même que pour le monde entier. Cette richesse doit être utilisée à bon escient, elle ne doit pas devenir un fardeau, ni pour nous, ni pour les autres. Le plus grand drame n'est pas la mort; laisser notre grand potentiel, nos talents et nos aptitudes rouiller, sous-employés, alors que nous sommes vivant, voilà ce qui constitue en fait la plus grande des tragédies.

22 mars – Témoigner notre amour

Les enfants doivent sentir qu'ils sont aimés. Notre amour pour les enfants ne doit pas ressembler au miel caché à l'intérieur d'une pierre.

23 mars – Ceux qui ne connaissent pas le chagrin

Un homme participait à une campagne de collecte de fonds. Frappant à la porte d'une riche demeure, il s'attendait à recevoir au moins mille roupies, mais cette famille ne lui en donna que cinq ! Furieux, il refusa ce don. Un an après, il était encore en colère. Il entretenait sa colère intérieure. N'ayant pas reçu ce qu'il attendait, il n'avait même pas pu accepter ce qu'on lui offrait. S'il n'avait eu aucune attente, il n'aurait éprouvé ni colère, ni souffrance, il aurait été satisfait du peu qu'il recevait.

Dans ce voyage qu'est la vie, si nous adoptons l'attitude d'un mendiant, nous pouvons éviter cette sorte de souffrance. Un mendiant sait qu'il est un mendiant, il ne s'afflige donc pas s'il ne reçoit rien quand il frappe à une porte ; il n'est pas triste parce qu'il sait qu'on lui donnera peut-être quelque chose à la maison suivante. Qu'il reçoive quantité de nourriture ou qu'il reparte les mains vides, cela fait partie de ce qu'il doit vivre au cours du voyage qu'est la vie, et il le sait. Il n'éprouve donc pas de colère envers qui que ce soit. Quand vous êtes un vrai mendiant, vous considérez tout comme étant la volonté de Dieu. Soyez lié seulement à Dieu, voilà ce qu'Amma veut dire. Les êtres vraiment spirituels ne connaissent pas le chagrin.

24 mars – Faire la paix en nous-même

Si nous voulons apporter la paix au monde extérieur, il faut que la paix règne dans notre monde intérieur. La paix n'est pas une décision intellectuelle. C'est une expérience.

25 mars – Être des parcelles de la Conscience universelle

Nous devons abandonner l'idée que nous sommes des individus et agir en ayant conscience du fait que nous sommes des parcelles de la Conscience universelle. C'est alors seulement que nous pourrons pleinement mettre en pratique la compassion et la non-violence. Vous vous demandez si cela est possible ? Mais même si nous n'atteignons pas complètement cet état, ne devrions-nous pas nous efforcer autant que possible d'aimer et de servir autrui, en nous rappelant que tel est notre but ?

***26 mars* – La compassion est l'expression de l'amour**

L'amour est le sentiment intérieur et la compassion en est l'expression. Elle ne voit pas les fautes d'autrui ni ses faiblesses. Elle ne fait aucune distinction entre les bons et les méchants. La compassion ne peut pas ériger de barrière entre deux pays, deux croyances ou deux religions. Elle n'a pas d'ego et ne comporte donc ni peur, ni convoitise, ni passion. La compassion oublie, simplement, et pardonne. Elle est comme un passage. Tout la traverse, rien n'y demeure. La compassion est l'amour exprimé dans toute sa plénitude.

***27 mars* – Agir**

Regarder passivement le mal croître et se développer sans rien faire, sans s'en préoccuper le moins du monde, constitue le plus grave des crimes.

***28 mars* – L'effort est indispensable**

Nul ne parvient au but sans faire d'efforts ; qu'il s'agisse du monde profane ou spirituel, l'effort est indispensable. Néanmoins, c'est la grâce divine qui permet à l'effort d'aboutir et lui confère sa beauté et, pour l'obtenir, une attitude désintéressée est indispensable.

Mes enfants, quand vous servez le monde de manière désintéressée, vous pensez peut-être : « Avec tout ce travail, je n'ai pas une minute pour penser à Dieu. Je passe toute ma vie à travailler. Ma vie serait-elle vaine ? » Mais ceux qui agissent de manière désintéressée n'ont pas besoin de se fatiguer à chercher Dieu, car le véritable sanctuaire de Dieu est le cœur de celui qui se consacre au service du monde.

29 mars – L'éveil des femmes

La plupart des femmes sont actuellement endormies. Il faut qu'elles se réveillent et se lèvent ! Cet éveil de l'énergie dormante chez la femme est un des besoins les plus urgents de notre époque. Il n'est pas seulement nécessaire dans les pays en voie de développement mais chez toutes les femmes du monde. Dans les pays où le matérialisme prédomine, les femmes doivent s'éveiller à la spiritualité. Et dans les pays où elles sont contraintes de rester dans les limites étroites de la tradition religieuse, elles doivent s'éveiller à la pensée moderne.

30 mars – Le travail libérateur

Le travail que nous accomplissons en le considérant comme l'œuvre de Dieu n'engendre pas l'esclavage.

31 mars – L'énergie vitale est en toute chose

La force de vie qui vibre dans les arbres, les plantes et les animaux est la même force de vie qui vibre en nous. La même énergie de vie qui nous donne le pouvoir de parler et de chanter se manifeste dans le chant de l'oiseau et le rugissement du lion. La même conscience qui coule en chaque être humain et le traverse donne son pouvoir au mouvement du vent, au flot de la rivière et à la lumière du soleil.

AVRIL

1er avril – La vie est comme un pont

La vie est comme un pont dont les extrémités sont la naissance et la mort. Nous n'avons aucun contrôle sur ces deux éléments essentiels, soutiens de la vie. Nous en ignorons tout. Alors comment pouvons-nous logiquement déclarer que la partie centrale, que nous appelons « la vie », nous appartient ?

Ainsi, l'enfance, l'adolescence, la jeunesse et la vieillesse ne nous demandent pas la permission de venir et de partir, elles se produisent, voilà tout. Reconnaissons cette vérité et accomplissons des actes qui élèvent notre âme et bénéficient à l'ensemble de la société.

2 avril – L'attente de Dieu

Dieu est compassion.

Il attend à la porte du cœur de chacun.

3 avril – La paix spirituelle

Le but de toutes les pratiques spirituelles, c'est d'être en paix, quelles que soient les circonstances. Tout le reste passera, qu'il s'agisse d'une lumière, d'un son ou d'une forme. Même si vous avez des visions, elles seront temporaires. La seule expérience permanente, c'est la paix absolue. Cette paix est l'expérience d'un mental serein. C'est le vrai fruit de la paix spirituelle.

4 avril – Rendre le monde plus beau

Vivons d'une manière qui soit bénéfique à nous-même et aux autres. Dieu n'a accordé à l'éclair que quelques secondes d'existence. L'arc-en-ciel, lui aussi, ne dure que quelques instants et certaines plantes ne fleurissent qu'une journée. La pleine lune disparaît au lever du soleil et un papillon ne vit que quelques jours. Mais au cours de leur brève existence, ils donnent au monde tant de beauté et de bonheur ! Amma prie afin que nous puissions suivre leur exemple et employer notre vie à rendre le monde encore plus beau. Mettons sur nos lèvres la couleur des paroles de vérité, dessinons les contours de nos yeux avec le khôl de la compassion, décorons nos mains avec le henné des bonnes actions.

5 avril – Préserver des espaces de solitude

Si vous essayez de pomper l'eau et que le système fuit à la base, vos tentatives échoueront. De même, il nous faut juguler les fuites de l'énergie mentale accumulée par nos pratiques en renonçant à nos centres d'intérêt extérieurs. Nous avons besoin de passer du temps dans la solitude et de purifier notre mental en nous libérant des conditionnements développés par le passé. Pour ce faire, il est nécessaire d'éviter de multiplier les contacts avec les autres.

6 avril – Se libérer de la peur

La peur fait de nous des morts vivants ; elle affaiblit la puissance de nos actions. Elle rend notre mental esclave de l'égoïsme et de la méchanceté. La source de cette peur, c'est le sentiment de notre faiblesse. Ce sentiment vient de l'incompréhension de la puissance infinie qui demeure en nous.

7 avril – Le vaste domaine du Soi

Les plaintes et les chagrins n'existent que quand vous vous identifiez au corps. Dans le domaine du Soi, il n'y a pas de place pour la douleur. Contemplant la nature du Soi, Amma vit clairement qu'elle n'était pas une mare stagnante, mais une rivière coulant librement.

Beaucoup de gens viennent à la rivière, malades ou bien portants. Certains en boivent l'eau, d'autres y prennent leur bain, y lavent leurs vêtements, ou même crachent dedans. La rivière ne se soucie pas de la manière dont les gens la traitent, elle continue de couler. Elle ne se plaint jamais, que l'on utilise son eau pour les rituels d'adoration ou pour s'y baigner. Elle coule, caressant et purifiant ceux qui entrent dans ses eaux.

8 avril – Confronter notre sagesse au monde

Les êtres courageux sont ceux qui s'abstiennent de se mettre en colère dans des situations qui suscitent normalement la colère. Si quelqu'un se livre à des pratiques spirituelles dans la solitude et affirme qu'il ne se met pas en colère, cela ne veut rien dire et ce n'est pas non plus un signe de courage. Vos tendances négatives ne disparaîtront pas nécessairement parce que vous effectuez des pratiques spirituelles seul quelque part. Un cobra engourdi par le froid ne dresse pas son capuchon pour mordre. Mais dès qu'il est réchauffé par le soleil, sa nature change. Le chacal, dans la forêt, fait le vœu de ne plus jamais hurler s'il voit un chien. Mais dès qu'il sort de la forêt et aperçoit la queue d'un chien, il oubliera aussitôt son vœu. Nous devons être capables de garder la maîtrise de notre mental même dans les circonstances les plus hostiles. C'est à cela que l'on peut mesurer notre progrès spirituel.

9 avril – Vénérer Dieu en tout et en tous

Dieu n'est pas confiné en un lieu particulier, Il est partout. Il demeure en tous les êtres, animés et inanimés. Il nous appartient de Le vénérer aussi sous la forme du malade et du pauvre. Sa nature est pure compassion. Aider une âme délaissée, nourrir les pauvres, offrir un sourire plein de compassion à ceux qui sont tristes et abattus, c'est le véritable langage de la religion. C'est dans notre cœur et dans nos mains que nous devrions invoquer la compassion de Dieu. C'est ainsi seulement que nous pourrons connaître une joie profonde et la plénitude. Vivre uniquement pour soi-même, ce n'est pas la vie, mais la mort.

10 avril – Debout !

Il n'est jamais bon de continuer à dormir après le lever du soleil. Nous ne devrions pas songer à rester au lit après notre réveil ; cela augmente notre paresse et notre indolence.

11 avril – Quand la vie devient prière

Dieu n'a besoin de rien. Que pourrait-il manquer au Seigneur de l'univers ? Pourquoi le soleil aurait-il besoin d'une chandelle ? La véritable offrande à Dieu, c'est de vivre avec la conscience des principes spirituels. Manger et dormir uniquement selon nos besoins, s'exprimer seulement quand c'est nécessaire, parler sans blesser personne, ne pas perdre inutilement notre temps, se préoccuper des personnes âgées et s'adresser à elles avec amour, aider des enfants pauvres à recevoir une éducation ; si nous n'avons pas de travail, apprendre un métier et dépenser une partie du revenu pour aider les pauvres. Voilà différentes formes de prière. Lorsque nous mettons notre conscience dans chacune de nos pensées, de nos paroles et de nos actions, la vie elle-même devient une prière.

12 avril – **Chaque matin à l'aube**

Chaque matin à l'aube, nous assistons à un nouveau lever de soleil. La nuit, quand nous oublions tout et que nous dormons, il pourrait nous arriver n'importe quoi, même la mort. Remercions-nous jamais le Pouvoir suprême qui nous a bénis et a fait en sorte que nous nous réveillions le matin et fonctionnions comme auparavant, avec un corps et un mental intacts ? Si nous considérons les choses de cette façon, ne devrions-nous pas être reconnaissants envers tout et tous ? Seuls les êtres dotés de compassion sont capables d'exprimer de la gratitude.

13 avril – Être à l'unisson de la Conscience divine

Une station de télévision diffuse différents programmes mais il faut régler le récepteur correctement pour les recevoir. Si nous ne choisissons pas la bonne chaîne, à quoi bon accuser autrui parce que nous ne voyons rien ? La grâce de Dieu est toujours avec nous. Mais pour la recevoir, nous devons nous mettre sur la fréquence de la conscience divine. Si nous ne nous en préoccupons pas, inutile d'incriminer Dieu. Tant que nous ne sommes pas à l'unisson de la conscience divine, il n'y aura en nous que des fausses notes d'ignorance et non la musique divine de Dieu.

14 avril – Pourquoi perdre du temps à se faire du souci ?

Si vous êtes étudiant, apprenez vos leçons avec application, sans vous soucier de vos chances de réussite à l'examen. Et si vous construisez un bâtiment, faites-le avec soin, en suivant les plans, sans vous inquiéter de savoir si l'édifice va tenir ou s'écrouler.

De bonnes actions engendrent de bons résultats. Si un fermier vend du riz de bonne qualité, les gens l'achèteront et il obtiendra le bénéfice de son travail. Mais s'il vend un produit trafiqué, espérant en retirer un profit supplémentaire, il en sera puni aujourd'hui ou demain, et il perdra la paix intérieure. Accomplissez donc toute action avec vigilance et dans une attitude d'abandon à Dieu. Chaque action portera ses fruits dans une pleine mesure, que vous vous en inquiétiez ou non. Pourquoi donc perdre du temps à vous faire du souci ? Ne vaut-il pas mieux employer ce temps à penser à Dieu ?

15 avril – « Fais que je T'aime ! »

Mes enfants, voilà la prière que vous devriez adresser à Dieu : « Fais que je T'aime et que j'oublie tout le reste ! » Car cela constitue la seule richesse éternelle, c'est la fontaine de la béatitude. Si nous atteignons ce niveau de conviction, nous avons réussi notre vie.

16 avril – Maîtrise et éveil

Quand vous appuyez sur un bouton, le parapluie s'ouvre. De même, lorsque vous inclinez la tête devant un maître spirituel, votre mental peut être transformé et se fondre dans la conscience universelle. Une telle obéissance, une telle humilité ne sont pas des signes de faiblesse. Comme un filtre purifie l'eau, le maître purifie votre mental et anéantit votre ego.

De nos jours le mental des gens est faible comme une plante en pot, qui dépérit si l'on oublie un seul jour de l'arroser. Il est impossible de maîtriser le mental sans discipline. Et tant que vous n'avez pas le contrôle du mental, il faut suivre les instructions du maître et observer certaines règles et restrictions. Une fois que vous en aurez acquis la maîtrise, il n'y aura plus rien à craindre car la faculté de discernement s'éveillera alors en vous et vous guidera.

17 avril – Être au chevet de la Nature

Détruire la Nature signifie détruire l'humanité. Les arbres, les animaux, les oiseaux, les plantes, les forêts, les montagnes, les lacs et les rivières, tout ce qui constitue la Nature a désespérément besoin de notre bienveillance, du soin attentionné et de la protection de l'homme. Si nous les protégeons, à leur tour ils nous protégeront.

18 avril – Sans attente, sans souffrance

Qui que nous aidions, n'attendons jamais rien en retour, pas la moindre gentillesse. Nous recevrons peut-être des insultes en échange de notre aide et si nous avons la moindre attente, il en résultera de la souffrance. Notre mental devrait être pareil à un bâton d'encens qui brûle en offrant son parfum à tous, y compris à celui qui le fait brûler. C'est cette attitude qui nous mène aux pieds de l'Être suprême. Faisons le bien, même à ceux qui nous font du mal. Si on nous lance des épines, soyons prêts à offrir des fleurs en retour. En cultivant cette attitude, nous connaîtrons la paix et l'harmonie.

19 avril – **Ne pas se perdre dans l'avidité**

Imaginez un chien en train de ronger un os. Quand le sang suinte, le chien pense que cela provient de l'os, mais il finit par s'effondrer à cause de tout le sang qu'il a perdu. C'est alors seulement qu'il se rend compte que le sang ne provient pas de l'os mais de ses gencives blessées. Voilà à quoi ressemblent nos efforts pour trouver le bonheur dans les objets extérieurs.

20 avril – **Pleurer pour Dieu**

Pleurer en priant n'est pas une faiblesse. Quand nous prions en aspirant à Dieu, cela nourrit en nous de nobles qualités. Une prière qui vient du cœur, une prière où nous pleurons pour Dieu, stabilise et concentre le mental qui se focalise alors sur Lui seul. Au lieu de perdre de l'énergie, grâce à cette concentration, nous en gagnons. Bien que Dieu soit en nous, notre pensée n'est pas fixée sur Lui. Pleurer pendant la prière est une manière de concentrer le mental sur Dieu.

21 avril – **Le pur et l'impur**

Dieu est comme le vent. Le vent souffle partout, sans distinguer les fleurs des excréments. Pour

Dieu, les différences telles que le pur et l'impur n'existent pas. Mais pour nous il est important d'avoir conscience de leur existence, car c'est seulement ainsi que nous pourrons progresser.

22 avril – **Atteindre la plénitude**

Nous gagnons tout à nous connaître. Un sentiment de plénitude absolu. Il ne reste alors plus rien à obtenir de la vie. Cette prise de conscience rend la vie parfaite. En dépit de tout ce qu'ils ont accumulé ou de ce qu'ils s'efforcent d'acquérir, la plupart des gens ont le sentiment que leur existence, comme la lettre C, est incomplète. Ce vide, ce manque existera toujours. Seule la connaissance spirituelle, la réalisation du Soi, peut combler ce vide et joindre les deux extrémités pour former la lettre O. Seule la connaissance de « Cela » nous donnera le sentiment d'être fermement ancrés dans le centre réel de notre vie.

23 avril – **Prendre de la hauteur**

Dans la forêt, vous voyez une grande variété d'arbres et de plantes. Mais quand vous sortez de la forêt et que vous vous éloignez, si vous vous retournez de temps en temps, vous voyez les plantes et les arbres disparaître peu à peu pour ne plus former qu'une masse : la forêt. De même, quand vous transcendez le mental, ses limites, constituées par les petits désirs et les différences engendrées par le sentiment de l'existence d'un « moi » et d'un « soi » séparés, disparaissent. Alors vous percevez tout comme le Soi unique.

24 avril – Ce monde existe grâce à l'amour

Ce monde existe grâce à l'amour. Si nous perdons notre rythme, la Nature perd également le sien. L'atmosphère devient empoisonnée et n'est alors plus propice à la germination des graines ni à la croissance des arbres et des animaux. Le rendement des cultures s'affaiblit, les maladies se multiplient, les pluies diminuent et la sécheresse survient. Donc, mes enfants, aimez-vous les uns les autres ! Répandez la droiture, l'amour et les autres bonnes qualités dans la Nature. Ne nourrissez ni colère ni jalousie envers quiconque. Voyez le bien en chacun. Ne parlez jamais négativement des autres. Considérez tout le monde comme les enfants de la même mère et aimez-les comme des frères et sœurs. Abandonnez vos actions entre les mains de Dieu et laissez Sa volonté prévaloir en toutes circonstances.

25 avril – Reprendre la route en conscience

Si vous tombez, pensez simplement que vous avez chuté pour vous relever. Ne restez pas là allongé en pensant que c'est confortable. Et ne soyez pas non plus catastrophé par votre chute. Essayez de vous relever et de vous remettre en route. Quand on écrit au crayon sur un morceau de papier, on peut gommer les fautes. Mais attention, si nous répétons de nombreuses fois la même erreur au même endroit et voulons l'effacer, le papier risque de se déchirer.

26 avril – Savoir garder secrètes certaines vérités

Il n'y a rien de supérieur à la vérité ; il ne faut jamais l'abandonner. Mais toutes les vérités ne sont pas bonnes à dire ouvertement à tous. Il s'agit d'examiner attentivement les circonstances afin de déterminer s'il est oui ou non nécessaire de révéler quelque chose. Même si nous connaissons la vérité, il vaut mieux, en certaines occasions, ne pas dévoiler le secret. Prenons l'exemple d'une femme qui a commis un faux pas dans un moment de faiblesse. Si sa faute est connue, son avenir sera ruiné et sa vie même pourra dans certains cas être en danger. Mais si son erreur reste secrète, elle évitera peut-être de la répéter et mènera une vie juste. Dans ce cas, mieux vaut taire la vérité. Cela permet de sauver la vie de cette personne et de protéger sa famille. Mais avant de prendre une telle décision, il faut bien examiner la situation. Cependant, cela ne devrait jamais encourager qui que ce soit à répéter l'erreur. L'important est que nos paroles bénéficient à tous. Si nous risquons de blesser quelqu'un par nos paroles, alors il faut garder le silence, même si ce que nous allions dire est la vérité.

27 avril – Tout est précieux

Amma se souvient que, dans son enfance, s'il lui arrivait de marcher sur un bout de papier qui avait été balayé et mis aux ordures, elle le touchait et portait ensuite la main à son front, en signe de salutation respectueuse. Si elle ne le faisait pas, sa mère la tapait. Elle lui disait que ce n'était pas un simple morceau de papier mais la déesse Sarasvati elle-même, la déesse du savoir. On lui enseigna également que si, par mégarde, elle marchait sur une bouse de vache, elle devait la toucher en signe de respect. La bouse de vache aide l'herbe à pousser. Les vaches mangent l'herbe et nous donnent du lait. Nous utilisons ce lait. La mère d'Amma lui apprit aussi qu'il ne fallait pas toucher du pied le seuil d'une maison ou d'une pièce. Si cela nous arrive, nous devons le toucher de la main et porter la main au front. Symboliquement, le seuil représente l'entrée dans une nouvelle étape de la vie. Telle est sans doute la raison de cette coutume. Quand vous regardez les choses de cette manière, tout devient précieux. Il n'existe rien au monde que nous puissions ignorer ou mépriser. Considérons ainsi toute chose avec respect et vénération.

28 avril – Hommes et femmes, une même conscience

Hommes et femmes doivent accorder la même importance au cœur et à l'intellect. Ils doivent s'efforcer de les concilier dans leur travail et d'être des exemples les uns pour les autres. L'égalité et l'harmonie ne se situent pas au niveau de l'apparence extérieure. Une poule ne chante pas comme un coq. Et un coq ne pondra jamais d'œufs. Bien que différents physiquement, l'homme et la femme ont la même conscience. Dans le réfrigérateur, l'électricité se manifeste sous forme de froid, dans le radiateur sous forme de chaleur, dans l'ampoule sous forme de lumière. Une télévision n'a pas les capacités d'une ampoule et réciproquement. Le frigidaire et le radiateur n'ont pas davantage des caractéristiques identiques... Cependant c'est le même courant électrique qui circule dans chacun de ces appareils. C'est également la même conscience qui habite l'homme et la femme en dépit de leurs différences extérieures.

29 avril – Adorer Dieu en toutes formes

Nous arrosons les racines de l'arbre et non son feuillage, car c'est ainsi que l'eau profite à toutes les parties de l'arbre. De même, si nous aimions vraiment Dieu, nous aimerions tous les êtres vivants de l'univers parce que Dieu demeure dans le cœur de tous les êtres. Dieu est le fondement de tout. Voyons donc Dieu en toutes les formes, aimons-Le et adorons-Le en elles.

30 avril – **Agir avec abnégation**

Toute action que nous accomplissons sans considération pour notre propre confort ou notre intérêt est abnégation. Amma appelle abnégation toute action accomplie comme une offrande à Dieu, pour le bien du monde, sans aucun sens du « moi » et du « mien » et sans souci de notre propre confort. Les difficultés qu'une personne endure dans son propre intérêt ne peuvent être qualifiées d'abnégation.

Si notre enfant est malade, nous l'emmenons à l'hôpital, même si la route est très longue. Nous sommes prêts à nous mettre à genoux devant de nombreuses personnes pour qu'il y soit admis. Nous prenons plusieurs jours de congé pour ne pas le laisser seul. Mais comme tous ces sacrifices sont accomplis pour notre propre enfant, cela ne peut être qualifié d'abnégation.

Pour un minuscule bout de terrain, les gens sont prêts à se battre, à monter et descendre les marches du Palais de justice un nombre incalculable de fois. Mais c'est uniquement dans leur propre intérêt. Ils travaillent tard et sacrifient leur sommeil pour faire des heures supplémentaires bien payées. Cela n'est pas de l'abnégation. Mais si vous renoncez à votre bien-être pour venir en aide à une autre personne, cela, nous pouvons l'appeler abnégation. Si vous aidez un de vos frères humains en lui donnant de l'argent que vous avez durement gagné, vous faites preuve d'abnégation. Si l'enfant de votre voisin est malade et que personne ne peut lui tenir compagnie à l'hôpital, si vous le faites sans rien attendre en échange, pas même un sourire, cela mérite le nom d'abnégation.

C'est par des sacrifices de ce genre que vous frappez à la porte du royaume du Soi. De tels actes vous permettent d'obtenir votre visa d'entrée dans cet autre monde.

MAI

1er mai – Plaisirs et renoncements

Nous ne devrions manger que pour apaiser notre faim. Les spécialistes de la santé nous suggèrent, pour que nous restions en bonne santé, de remplir notre estomac pour moitié de nourriture, pour un quart d'eau, le dernier quart devant demeurer vide. La science de la spiritualité nous explique également comment conserver notre santé mentale. Il ne s'agit pas de s'abstenir de tout plaisir sensuel, mais de veiller à ne jamais devenir esclaves de nos sens ou de nos habitudes mentales. Nous devons être maîtres de notre mental et de nos sens. Tout en goûtant ces plaisirs, il est important de pratiquer également un certain degré de renoncement.

Il faut donc être capable de se restreindre, même si l'on a envie de tomber dans l'excès. Il y a une limite à toute chose et c'est pour notre bien. Le contrôle de soi n'est jamais une entrave à la liberté.

Quel que soit l'angle sous lequel nous étudions la situation actuelle, il apparaît clairement que le seul moyen d'apporter les changements fondamentaux dont le monde a besoin aujourd'hui est de mettre en pratique les idéaux spirituels dans notre vie quotidienne.

2 mai – Aimer le roi

Si vous ne priez Dieu que pour la satisfaction de vos désirs, vous ne serez pas libéré de la souffrance. Si vous voulez être délivré de la souffrance, priez pour ne plus avoir de désirs, priez pour que votre foi en Dieu et votre amour pour Lui grandissent. Notre amour ne devrait pas se tourner vers les objets ordinaires que recèle le palais du roi ; c'est le roi lui-même qu'il s'agit d'aimer. Si nous choisissons le roi, tous les trésors du palais seront nôtres. Si nous prions Dieu, ne prions pas pour obtenir un travail, une maison ou un enfant. « Dieu, je veux que Tu sois mien », telle devrait être notre prière.

3 mai – La perfection du don

Toutes les pratiques spirituelles visent à développer en nous le désir de consacrer notre vie au monde. Mais Amma est prête à vénérer toute personne disposée à vouer sa vie au bien du monde, même si celle-ci n'a aucun penchant pour les disciplines spirituelles. Les bienfaits que l'on retire de la prière s'obtiennent aussi grâce au service désintéressé. Le don total de soi, c'est la perfection. Dans cet état, l'individu limité disparaît.

4 mai – Retournement de l'être

Aujourd'hui, au lieu de regarder l'extérieur à partir de l'intérieur, nous faisons l'inverse. C'est pourquoi nous ne voyons rien clairement.

5 mai – Fuir le feu de la colère

Un autre élément d'importance dans notre vie, c'est de parvenir à contrôler notre colère. La colère est comme un couteau sans manche aiguisé aux deux extrémités : il blesse l'agresseur comme celui qui est agressé. Lorsque nous sommes en colère, il se produit une vraie tempête dans notre esprit ! Il est si agité que nous ne trouvons la paix dans aucune position : assis, debout ou allongé. Notre tension augmente, ce qui ouvre la porte à la maladie. Dans le feu de la colère, nous n'avons pas conscience des changements qui se produisent en nous.

6 mai – Concentration

La concentration dont nous avons besoin pour compter les grains d'une poignée de sable ou celle qu'il nous faut pour traverser une rivière sur une corde raide, telle est la concentration que nous devrions développer dans tout ce que nous faisons.

7 mai – Union suprême

Une fois que l'amour suprême pour Dieu s'est éveillé dans le cœur du chercheur spirituel, les différentes restrictions et observances ne sont plus essentielles. Devant l'amour divin, les limitations et les barrières se dissolvent. Pour un vrai croyant qui possède cet amour, rien d'autre que Dieu n'existe. Dans l'univers entier, un tel chercheur ne voit que Dieu. Comme le papillon de nuit se jette dans le feu et s'unit aux flammes, le fidèle, consumé d'amour pour Dieu, devient Dieu en essence. Le dévot, l'univers lui-même, tout est Dieu. Quelles règles, quelles restrictions pourraient s'appliquer à une telle âme ?

8 mai – Vivre comme un témoin

Si vous désirez savourer la beauté d'une rivière au courant rapide, admirez non seulement ses eaux mais aussi les poissons ainsi que les autres créatures et objets qui la composent. Mieux vaut rester sur la berge pour regarder. Car, si vous sautez dans l'eau, le courant pourrait bien vous emporter et vous pourriez même vous noyer sans pouvoir savourer la beauté de la rivière. Vivez ainsi, comme un témoin, sans vous laisser emporter par le flot du mental. Apprenez à vous en détacher.

9 mai – Innovation révolutionnaire

En Inde, les femmes s'éveillent et passent à l'action. Il y a peu de temps encore, elles n'étaient pas autorisées à vénérer Dieu dans le sanctuaire intérieur des temples ; elles ne pouvaient pas non plus consacrer un temple ni accomplir les rituels védiques. Les femmes n'étaient même pas autorisées à chanter les mantras védiques. Mais Amma les y encourage et leur confie de telles fonctions. Et c'est Amma qui accomplit les cérémonies de consécration de tous les temples construits par notre ashram. Comme ces cérémonies et ces rituels n'ont été effectués que par des hommes pendant des générations, beaucoup de gens se sont opposés à ce que des femmes les accomplissent. À ceux qui trouvaient nos actions discutables, Amma expliqua que nous vénérons Dieu, qui est au-delà de toutes les différences, et qui ne fait pas de distinction entre le masculin et le féminin. Il s'avéra que la majorité soutint finalement cette innovation révolutionnaire ; c'est que ces interdits imposés aux femmes n'ont en vérité jamais fait partie de la tradition fondatrice de l'hindouisme. Selon toute probabilité, ces règles ont été conçues par des hommes appartenant aux couches supérieures de la société afin d'exploiter et d'étouffer les femmes.

10 mai – Se changer pour changer le monde

Le changement doit commencer en soi. Quand un individu progresse, toute sa famille en bénéficie et la société prospère. Essayons donc tout d'abord nous-même de faire le bien. Lorsque nous nous améliorons, cela influence tous ceux qui sont autour de nous. C'est à nous de montrer l'exemple. Nous devrions manifester de la gentillesse et de l'amour envers tous. Seul l'amour désintéressé peut transformer autrui. Nous ne verrons peut-être pas de changement immédiat, mais nous ne devrions jamais perdre espoir ni abandonner nos efforts.

11 mai – La recherche de mutuelles concessions

De nos jours, il est rare que l'amour soit fondé sur une compréhension mutuelle. Les cœurs ne se comprennent pas. L'époux ne connaît pas le cœur de l'épouse et vice versa. Personne n'est prêt à faire de compromis. Ainsi va la vie. Comment la paix pourrait-elle régner ? La spiritualité nous permet heureusement d'évoluer, si bien que nous sommes prêts à comprendre l'autre et à rechercher des accords. La cause de tous les échecs est le manque de concessions mutuelles.

12 mai – Tel un miroir, ne s'attacher à rien

Ne craignons rien ! N'accordons aucune importance aux mauvaises pensées lorsqu'elles apparaissent. Imaginons que nous sommes en train de faire un pèlerinage en bus. Par la fenêtre, nous regardons le paysage. Parfois la vue est belle, parfois elle ne l'est pas. Mais aussi fascinant que soit le paysage, nous l'oublions dès qu'il est passé. Nous n'arrêtons pas le bus chaque fois que nous voyons quelque chose de beau. Nous en apprécions la beauté mais nous continuons notre voyage, en gardant notre but à l'esprit. Sinon, jamais nous n'arriverions. Il faut que nous restions concentrés sur notre destination. Que les pensées qui se lèvent dans notre mental passent comme le paysage qui défile à travers la fenêtre. Ne nous laissons pas captiver par elles et elles ne nous affecteront plus beaucoup.

Le mental a deux aspects. D'un côté, il regarde avec intensité en direction du but et aspire ardemment à la réalisation. De l'autre côté, il regarde vers le monde extérieur. Et la bataille fait rage entre ces deux aspects. Tant que nous n'accordons aucune importance aux pensées qui surgissent, il n'y a aucun problème.

Notre mental ressemble à un miroir placé au bord de la route : il reflète tout ce qui passe. De même, il suit tout ce que nous voyons et entendons. Il nous manque cependant une des qualités que possède le miroir : bien qu'il reflète tout avec netteté, rien ne l'affecte. Tout objet disparaît dès qu'il est hors de sa portée. Le miroir n'est attaché à rien et c'est ainsi que devrait être notre mental. Nous devrions pouvoir oublier aussitôt tout ce que nous voyons, entendons ou pensons, comme nous oublions le paysage qui défile. Nous ne devrions être attachés à rien car les pensées qui apparaissent et disparaissent appartiennent au mental et n'affectent pas le Soi.

13 mai – Servir sans penser à soi

Ce qui nous qualifie pour recevoir la grâce de Dieu, c'est uniquement la capacité d'aimer et de servir tous les êtres vivants, sans aucun désir égoïste. Nous oublions cette vérité, nous oublions que notre devoir est de servir ceux qui se débattent au milieu des difficultés. Certes, nous allons au temple, nous y faisons des rituels d'adoration ; mais à la sortie du temple, nous ignorons les malades et les mendiants qui tendent la main pour avoir un peu de nourriture ou même nous les chassons en criant. Mes enfants, la véritable adoration du Seigneur, c'est la compassion que nous manifestons envers ceux qui souffrent.

14 mai – **Une vision nouvelle**

La loi de la gravité existait avant qu'on la découvre. De tout temps, une pierre lancée en l'air est retombée. De même, la Conscience est toujours présente en nous, maintenant, là, à l'instant présent, mais nous ne nous en rendons pas compte. Pour en faire l'expérience, nous avons besoin d'une vision nouvelle, d'un œil neuf et même d'un corps neuf.

15 mai – **Ressentir**

Quel que soit le son, apprenez à le ressentir aussi profondément que possible. Ce qui importe réellement, ce n'est pas simplement d'entendre le son, mais de le ressentir. Les prières, apprenez à les ressentir dans votre cœur et vous ressentirez la présence de Dieu.

16 mai – **Le vrai, le beau, le bien**

Quand la puissance de l'Éternel brille en nous, elle se manifeste sous la forme de vérité, de beauté et de bien ; quand Dieu se manifeste par l'intellect, c'est la vérité qui resplendit ; quand Il s'exprime par des actions, celles-ci sont bonnes et favorables ; et quand Il se révèle à travers le cœur, la beauté en est le résultat. Quand la vérité, la beauté et la bonté font partie intégrante de notre vie, la force réelle s'éveille en nous.

17 mai – Un esprit fort

C'est à la lumière des situations que nous rencontrons que doit se révéler la puissance de notre ascèse. Face aux situations difficiles, avançons sans que notre esprit faiblisse, sans vaciller. Un chercheur spirituel en paix lorsqu'il est assis en méditation, mais en proie à l'agitation dès qu'il se lève, a encore un long chemin à parcourir. N'importe qui peut facilement chanter en solo. La virtuosité du chanteur se révèle lorsqu'il est accompagné d'un harmonium et de percussions : c'est alors que l'on perçoit son habileté à moduler sa voix en harmonie avec la note de base. Ainsi, pour un chercheur spirituel, rester fidèle à la volonté de Dieu signifie garder le rythme et l'harmonie du mental, quelles que soient les circonstances.

18 mai – Saisir l'instant présent

Dans leur bienveillance, les sages nous ont fait la grâce de nous léguer un immense cadeau : leurs enseignements. Mes enfants, sans perdre un instant, vivez en accord avec eux. Sinon, la vie n'a aucun sens. Ne remettez pas cela à demain, parce qu'en vérité, demain n'est qu'un rêve. En ce moment même, nous vivons dans un rêve, car ce n'est rien d'autre. Nous ne pouvons connaître la réalité qu'en nous éveillant. Il s'agit d'un éveil à Dieu, n'en doutons pas, car c'est la seule manière de sortir du rêve. Chaque moment qui passe est extrêmement précieux et il ne faut pas le gâcher. Repousser notre éveil à demain et retomber dans le rêve, c'est de la sottise. Demain est une question sans réponse. Nous aurons beau affirmer que quatre et quatre font neuf, cela ne sera jamais vrai. Rien n'est plus précieux que le moment présent. Ne le gaspillez jamais. Saisissez l'instant présent et apprenez à rire de tout votre cœur.

19 mai – Savoir garder la mesure

La Nature met toutes ses richesses à la disposition des êtres humains. Nous devrions nous aussi nous consacrer au bien-être de la Nature, de la même façon qu'elle se dévoue pour le nôtre. Alors seulement l'harmonie entre la Nature et l'humanité pourrait être préservée. Cueillir dix feuilles quand il en faut cinq, c'est une faute. Supposez que deux pommes de terre suffisent pour préparer un plat, si vous en prenez une troisième, vous agissez sans discernement. Vous commettez une action incorrecte.

Utiliser la Nature lorsque nous en avons besoin n'est pas une erreur, c'est son exploitation qui est inacceptable. Premièrement, nous détruisons sans nécessité la vie de la plante, de l'animal ou de tout ce que nous exploitons. Deuxièmement, nous en privons une autre personne qui aurait pu l'utiliser, notre voisin peut-être, qui n'a rien à manger. Ainsi, à travers l'exploitation de la Nature, ce sont les autres que nous exploitons. Avoir une maison pour se protéger de la pluie et du soleil est certainement indispensable, mais nous ne devrions pas construire une résidence dans le but d'étaler notre richesse et un train de vie luxueux. Une action devient un péché ou une injustice quand nous l'entreprenons sans vigilance ni discernement.

20 mai – Exprimer ses sentiments

Il n'est pas bon de garder l'amour caché au fond de soi. Il est nécessaire de le manifester au moment opportun. L'épouse ne retire aucune joie de l'amour qui reste caché dans le cœur de son mari. Aucun de vous ne peut lire dans le cœur de son conjoint, alors il ne suffit pas de garder son amour caché à l'intérieur. L'amour doit s'exprimer en paroles et en actes. Amma vous donne ce conseil pour que la paix et l'harmonie règnent dans les familles. Si vous n'exprimez pas votre amour, cela revient à placer un bloc de glace dans les mains d'une personne tourmentée par la soif : la glace ne pourra pas étancher sa soif. Alors, mes enfants, mettez-vous toujours à la portée de l'autre et aimez-vous d'un cœur ouvert.

21 mai – Vivre ensemble

Comprenons que la vie n'est pas faite uniquement pour les gagnants, mais aussi pour les perdants ; soyons prêts à donner une chance à ceux qui ont échoué et à pardonner leurs erreurs. La patience et le pardon assurent notre progrès, comme l'huile que l'on met dans un moteur pour le lubrifier. Écarter ceux qui ont failli, c'est leur faire le plus grand tort. Ne nous moquons pas des perdants, encourageons-les au contraire pour qu'ils gardent leur enthousiasme.

22 mai – La grâce au milieu des ténèbres

Ne perdons jamais notre force intérieure. Seuls les esprits faibles voient tout en noir et sombrent dans la confusion. Les optimistes voient les rayons de la grâce divine au milieu des ténèbres les plus profondes. La lampe de la foi est en nous, allumons-la. Elle répandra alors sa lumière et nous guidera à chacun de nos pas.

23 mai – Être conscient de notre puissance

Tant que vous vous identifiez au corps, vous êtes comme une petite pile électrique dont la puissance est vite épuisée. Mais quand vous atteignez le Soi, vous êtes comme une batterie géante reliée au générateur cosmique d'énergie, qui vous donne une force constante et inépuisable. Quand vous êtes relié à Dieu, la source de toute puissance, votre énergie ne connaît pas de baisse de tension. Vous êtes branché sur votre potentiel infini.

Soyez donc conscient de votre puissance et de votre force immense. Vous n'êtes pas doux comme un petit agneau, mais majestueux et puissant comme un lion.

24 mai – **Ne blesser personne**

Ceux qui sans arrêt cherchent les fautes des autres ne progressent jamais spirituellement. Ne blessez personne, en pensées, en paroles ou en actions. Soyez plein de compassion pour tous les êtres.

25 mai – **Briser nos liens**

Chacun de nous ressemble à un oiseau enfermé dans une cage dorée, le bout des ailes coupé ; chacun est emprisonné dans la cage de son mental. Nous sommes ligotés par les chaînes de la réputation, de la gloire, du statut social et de la fortune. Des chaînes recouvertes de fleurs magnifiques. La question ici, ce n'est pas la liberté, mais bien de savoir comment briser nos liens. Pour y parvenir, il faut d'abord voir les chaînes cachées sous les fleurs et les décorations superficielles. Si nous examinons les choses de plus près, nous découvrirons ces liens sous les fleurs qui les dissimulent. Il s'agit de percevoir notre prison comme une prison, et non comme notre foyer. Quand nous en serons capables, notre esprit s'élancera avec ardeur vers la liberté.

26 mai – Choisir la musique de l'âme

Que vous passiez votre temps à rire ou à pleurer, le temps passe quand même. Alors riez ! Trouvez chaque jour l'occasion de rire. Le rire est la musique de l'âme.

27 mai – Mettre en pratique les enseignements reçus

Percevoir chacun comme étant son propre Soi : cet état devrait devenir notre nature même. Nous devenons la fleur au lieu de la contempler. Efforçons-nous de nous épanouir. C'est à cela que nous devrions employer notre vie, c'est à cela que nos études spirituelles devraient servir. Apprendre par cœur n'est pas difficile ; il est en revanche difficile de mettre en pratique ce que nous avons appris. Les sages d'autrefois illustraient les grandes vérités spirituelles par l'exemple de leur vie mais de nos jours, les gens se contentent d'engager des disputes verbales après avoir lu et mémorisé les paroles des sages.

28 mai – Les formes multiples de Dieu

La dévotion réelle, c'est d'être capable de percevoir la forme bien-aimée de Dieu non seulement dans le temple, mais aussi en chaque être vivant, et de Le servir en conséquence. Si notre Divinité d'élection est Krishna, nous devrions être capables de voir Krishna partout, dans chaque temple, que ce soit un temple de Shiva ou de Devi. Mes enfants, ne pensez pas que Shiva puisse être en colère si nous ne L'adorons pas dans un temple de Shiva, ou que la Mère Divine nous refuse ses bénédictions si nous ne La vénérons pas en nous rendant dans un temple de Devi. La même personne est appelée « mari » par la femme, « père » par le fils et « frère » par la sœur. Cette personne ne change pas simplement parce que les autres s'adressent à elle de différentes façons. Chacun d'entre nous prie Dieu sous une forme particulière et Le nomme en fonction de ses tendances innées et de son imagination. Ne nous servons-nous pas toujours du même nom pour désigner la même personne ? Ainsi, pour Dieu également, nous avons besoin d'un nom et d'une forme bien-aimée. Quels qu'ils soient, Il sait que nous nous adressons à Lui.

29 mai – Toutes les voies mènent au silence

Certains se concentrent mieux s'ils prient à voix haute, tandis que d'autres préfèrent la prière silencieuse. Certains ont peut-être besoin de lire en silence tandis que d'autres assimilent mieux s'ils lisent à haute voix. Nous ne pouvons pas dire à celui qui étudie en lisant tout haut : « Ne lis pas si fort ! Lis en silence, comme moi ! » Ainsi, des voies spirituelles différentes conviennent aux différents types de personnes. Toutes les voies mènent au silence ultime.

30 mai – Ne pas répéter nos erreurs

Il n'existe pas de péché dont on ne puisse se purifier grâce au repentir. Mais cela ne doit pas ressembler au bain de l'éléphant ! L'éléphant se baigne puis, à peine ressorti de l'eau, se couvre immédiatement de poussière. Bien des gens se comportent ainsi par rapport à leurs erreurs.

31 mai – Conserver l'humilité du débutant

Soyez humble. Ayez l'humilité d'un débutant et conservez cette humilité jusqu'à la fin, comme un enfant porté par une immense confiance et doué d'une grande patience. C'est la meilleure des voies. C'est l'attitude qu'il convient d'avoir face à l'existence et aux situations qu'elle nous fait vivre. Cela nous permet d'apprendre sans arrêt. Notre corps a grandi en taille, mais pas notre mental. Pour qu'il se développe et atteigne la dimension de l'univers, nous devons redevenir des enfants.

JUIN

1er juin – Faire preuve de détermination

Ne pas utiliser le moment présent est une grande perte. Si vous voulez méditer, faites-le maintenant. Si une tâche doit être accomplie aujourd'hui, commencez-la à l'instant, sans la remettre à plus tard. Voilà l'état d'esprit qu'il nous faut, la détermination qui doit s'ancrer en nous.

2 juin – Enseigner les valeurs

Le monde de demain sera façonné par les enfants d'aujourd'hui. Leur esprit est encore ouvert, il est aisé d'y semer les valeurs humaines universelles. Il suffit de marcher quelques fois au milieu d'une prairie d'herbe verte et tendre pour créer un sentier, alors qu'il faut des allées et venues innombrables pour tracer une piste dans le roc à flanc de montagne. L'enseignement des valeurs humaines et des principes spirituels universels est de la responsabilité des familles mais devrait aussi faire partie officiellement de l'éducation générale. C'est une tâche qui doit être accomplie sans délai, car si nous tardons, le monde perdra les générations à venir.

3 juin – Polir nos arêtes tranchantes

Ceux qui passent leur temps dans la solitude et se consacrent uniquement aux pratiques spirituelles ressemblent à un arbre isolé dans la chaleur torride du désert. Le monde ne bénéficie pas de son ombre. Ces chercheurs devraient quitter leur isolement et s'efforcer de voir Dieu en tout et en chacun. Si vous mettez des pierres de formes différentes dans une machine à polir et que vous la faites tourner, les pierres perdront leurs arêtes tranchantes en se frottant les unes contre les autres. Elles deviendront douces et belles. Seuls ceux qui réussissent dans un monde rempli de diversité peuvent déclarer qu'ils ont triomphé.

4 juin – La patience, porte du bonheur

La patience est aussi une vertu indispensable parce qu'elle est le fondement même de la vie. Si nous ouvrons de force un bouton de fleur, jamais nous n'en connaîtrons la beauté ni le parfum. Il faut laisser la fleur s'ouvrir naturellement. Ainsi, sans patience, il est impossible de goûter à la beauté de la vie. Celui qui désire mener une vie heureuse a besoin avant tout de patience.

5 juin – Sans fierté, sans honte

Il est impossible d'atteindre Dieu sans abandonner les sentiments de fierté et de honte. Ce sont des créations du mental. C'est uniquement en brisant ces chaînes, qui lient étroitement le mental, que nous pourrons nous élancer vers Dieu.

6 juin – Œuvrer dès aujourd'hui

Amma se rappelle une histoire. Il était une fois un pays où tout le monde pouvait devenir roi, mais un roi dont le règne ne durait que cinq ans. Après quoi on l'emmenait sur une île déserte où il était livré à la mort. Il n'y avait sur cette île que des bêtes féroces qui tuaient immédiatement le roi et le dévoraient. Tout le monde le savait et pourtant nombreux étaient les candidats à la royauté. Ils étaient poussés par le désir de régner et de jouir des plaisirs offerts au roi. Au moment où ils montaient sur le trône ils étaient ravis, mais, à peine le couronnement passé, ils sombraient dans le chagrin, craignant le jour fatal où ils seraient dévorés par les prédateurs. Le roi, toujours tourmenté, ne souriait donc jamais. Il avait beau être entouré de tout le luxe imaginable, ni les mets délicieux, ni les serviteurs, ni les danses ou les musiques ne l'intéressaient. Il ne pouvait profiter de rien. Dès qu'il accédait au pouvoir, il ne voyait plus que la mort. Il était venu pour trouver le bonheur, mais la douleur ne lui laissait pas de répit.

Le dixième monarque de la lignée fut conduit sur l'île lorsque son règne de cinq ans fut terminé et, ainsi que tous ceux qui l'avaient précédé, il fut la proie des bêtes sauvages. Son successeur était un jeune homme. Mais il n'était pas du tout comme les autres rois. Après son accession au trône il ne sembla pas le moins du monde malheureux. Il riait, dansait, partait à la chasse et faisait des tournées pour s'enquérir du bien-être des gens. Tout le monde s'étonna qu'il restât toujours joyeux.

Son règne s'achevait, mais il n'y avait pas de changement dans son comportement. Ses sujets lui demandèrent : « Majesté, le jour de votre départ pour l'île approche, mais vous ne semblez pas triste. Même aujourd'hui vous paraissez joyeux ! »

Le roi répondit : « Pourquoi serais-je triste ? Je suis prêt à partir pour l'île. Il n'y a plus de bêtes féroces là-bas. Quand je suis devenu roi, j'ai appris à chasser, puis je suis allé sur l'île avec mes troupes et nous avons exterminé tous les animaux dangereux. J'ai défriché la forêt et j'en ai fait des terres cultivables. J'ai creusé des puits et construit quelques maisons. Je vais maintenant aller vivre là-bas. J'abandonne le trône, mais je vais continuer à vivre comme un roi, car j'ai sur l'île tout ce qu'il me faut. »

Nous devrions agir comme ce roi et découvrir l'épanouissement pendant que nous sommes encore dans ce monde physique. Mais l'écrasante majorité des gens se comportent comme leurs prédécesseurs, torturés par l'angoisse et la peur du devenir. La souffrance est leur lot présent et à venir.

Si nous faisions preuve de discernement à chaque instant, nous ne souffririons plus ; tous nos lendemains seraient faits de béatitude.

7 juin – **Être amour**

Lorsque nous comprenons que nous sommes une incarnation de l'amour, il est inutile de partir en quête de la paix, car c'est la paix qui vient à notre recherche. Dans cet état, quand le mental est devenu aussi vaste, tous les conflits se dissolvent, comme la brume s'évanouit au lever du soleil.

8 juin – **Offrande vespérale**

Au crépuscule, l'atmosphère est saturée de vibrations impures. C'est pourquoi nous récitons les noms de Dieu ou chantons des chants sacrés à ce moment de la journée. Si nous ne prions pas à cette heure-là, nos mauvaises tendances se renforceront.

À ce moment de la journée, la domination de l'ego est à son apogée. Nous ne pouvons éliminer l'ego qu'en prenant refuge en Dieu. Mais aujourd'hui, à cette heure-là, les gens regardent la télévision ou naviguent sur Internet…

9 juin – Nous ne chancellerons pas

La spiritualité est le principe qui nous permet de sourire quelle que soit la situation, quelles que soient les crises que nous traversons. Ceux qui ne sont pas familiers avec ce principe s'effondrent souvent, même devant un petit obstacle. Si un énorme pétard éclate près de nous alors que nous ne nous y attendons pas, nous allons sursauter. Si nous sommes prévenus, il n'y aura pas de choc. Lorsque l'adversité survient, nous ne chancellerons pas si nous restons présents et conscients.

10 juin – Vaincre l'ego

Si nous persistons à cultiver l'ego, nous n'obtiendrons rien. En étant humbles, nous obtenons tout.

Une attitude désintéressée, sans désir, nous aide à vaincre l'ego. C'est pourquoi on accorde tant d'importance aux actes désintéressés.

11 juin – Éliminer les sentiments négatifs

Il n'est pas nécessaire d'aller au-devant de chacun et de lui montrer notre amour ; il suffit de ne nourrir aucun sentiment négatif, aucun, quel qu'il soit. L'amour vrai est l'absence de sentiments négatifs envers qui que ce soit. En les éliminant, nous permettons à l'amour toujours présent en nous de briller ; alors les distinctions, les différences, n'existent plus. Avez-vous observé comment ceux qui s'aimaient hier se méprisent aujourd'hui ? Leur amour n'a donc jamais été réel. De plus, l'attachement induit la colère. Notre but est de n'entretenir ni attachement, ni colère, c'est là le véritable amour. Le service désintéressé est la plus noble forme d'amour.

12 juin – Une pratique constante

Mes enfants, nous aurons beau étudier les Écritures pendant des décennies, nous aurons beau nous répéter un nombre infini de fois que nous avons la force de surmonter n'importe quel problème, si nous n'avons pas la maîtrise parfaite du mental, nous allons trébucher face aux difficultés. On peut nous répéter sans cesse que nous ne sommes pas le corps, le mental et l'intellect, que nous sommes l'incarnation de la béatitude, nous l'oublions dès que nous sommes confrontés aux problèmes les plus triviaux.

Une pratique constante est donc essentielle si nous voulons rester forts face aux difficultés.

13 juin – Une prière à l'assaut des pensées

Répéter une prière est une manière de plier le mental à notre volonté. De cent, nous pouvons réduire le nombre des pensées à dix en la psalmodiant. Vous vous étonnerez peut-être : « N'allons-nous pas nous mettre à penser tout en répétant la prière ? » Même si des pensées surgissent, elles n'ont pas tant d'importance. Elles sont comme les bébés : quand un bébé dort, il est facile pour sa mère d'effectuer ses tâches domestiques ; mais une fois qu'il est réveillé et qu'il pleure, il lui est difficile de travailler. Ainsi, les pensées qui surviennent pendant que nous répétons cette formule sacrée ne constituent pas un vrai problème : elles ne nous dérangeront pas.

14 juin – La véritable innocence

La notion d'« innocence » est bien souvent mal interprétée. On emploie même ce mot pour désigner des personnes timorées, incapables de réagir. D'ordinaire, on considère les gens ignorants et illettrés comme innocents. Mais l'ignorance n'est pas l'innocence. L'ignorance, c'est le manque d'amour réel, de discernement et de compréhension, tandis que la véritable innocence, c'est l'amour pur doté de discernement et de compréhension. C'est l'énergie divine. Même une personne timorée a un ego alors qu'un être vraiment innocent est un être sans ego. C'est pourquoi il est le plus puissant de tous.

15 juin – **Contrôler la colère**

Nous devrions pardonner et oublier les fautes d'autrui. La colère est l'ennemie de tout aspirant spirituel. Elle engendre une perte d'énergie par chaque pore de notre peau. Dans les circonstances où notre mental est tenté de se mettre en colère, nous devrions exercer un contrôle et décider fermement : « Non. » Retirons-nous dans un endroit solitaire et chantons notre mantra. Le mental se calmera de lui-même.

16 juin – **Rien n'est permanent**

Les oiseaux se perchent sur de menues branches pour manger et dormir. Mais ils savent qu'au moindre coup de vent, le rameau risque de se briser. Ils sont donc toujours vigilants, prêts à s'envoler. Les objets de ce monde sont pareils à ces brindilles : nous risquons de les perdre à tout instant. Pour ne pas être submergés par le chagrin quand cela se produit, accrochons-nous fermement au Principe suprême.

Quand la maison brûle, personne ne dit : « Nous éteindrons le feu demain. » Nous réagissons immédiatement. Si notre vie est aujourd'hui pleine de souffrances, au lieu de ruminer, de nous ruiner la santé et de perdre du temps, essayons de trouver une solution.

Mes enfants, ce que nous possédons aujourd'hui, nous ne l'aurons pas éternellement. Notre maison, nos biens, notre propriété, rien de tout cela ne nous accompagnera pour l'éternité. L'Être suprême, seul, est notre compagnon éternel. Il ne s'agit pas de tout quitter, ni d'éprouver de l'aversion envers quiconque. Amma veut simplement vous faire comprendre que rien n'est permanent.

La seule manière de trouver la paix, c'est de mener une vie de détachement.

17 juin – **Dieu n'est pas un domestique**

Dans toute nouvelle entreprise, accordez une place à Dieu. Ceux qui n'ont pas la possibilité de construire une pièce séparée pour pratiquer peuvent au moins réserver un coin de leur chambre pour la prière, la méditation ou l'étude spirituelle. Cet endroit ne devrait avoir aucun autre usage. Ne reléguez pas Dieu dans le cagibi sous l'escalier. Nous devrions vivre en serviteurs de Dieu et non Lui réserver la place d'un domestique.

18 juin – L'amour est une source inépuisable

Si vous avez cent roupies et que vous en donnez dix à quelqu'un, il ne vous en reste que quatre-vingt-dix. Peu importe combien d'amour vous donnez, vous n'en verrez jamais la fin. Plus vous en donnez, plus vous en avez, comme si une source inépuisable remplissait le puits à mesure que vous tirez de l'eau. Les gens naissent pour être aimés. Ils vivent pour l'amour. Mais c'est la seule chose introuvable aujourd'hui. Le monde souffre d'une famine d'amour.

19 juin – Exprimer notre gratitude

Nous réclamons sans cesse : « Donne-moi ceci ! Donne-moi cela ! » Mais nous n'avons pas appris à dire : « Merci ! » Apprenons à exprimer notre gratitude en toutes circonstances.

20 juin – Savoir être heureux

Regardez la Nature. Voyez cet arbre, là-bas, ses branches qui se balancent avec bonheur dans le vent, ces oiseaux qui chantent, oubliant tout, la rivière au chant mélodieux qui coule gaiement, et les plantes, les étoiles, le soleil et la lune. Partout règne la joie. Pourquoi sommes-nous donc les seuls à nous affliger au milieu de toute cette félicité ? Réfléchissez et vous comprendrez. Aucun de ces éléments de la Nature ne possède un ego. Nous sommes les seuls. « Je suis ceci et cela, je veux devenir cela, je veux cela », voilà à quoi nous songeons constamment. Mais ce « moi » qui nous préoccupe tant ne nous accompagnera pas au moment de la mort. Si nous nous accrochons à ce « moi », nous n'en retirerons que de la souffrance.

Mes enfants, abandonnez ce « moi » et réveillez-vous. Vous vivrez alors dans la joie et le bonheur. Soyez heureux, mes enfants. Seul le moment présent nous appartient.

21 juin – La foi est le fondement de tout

Si nous nous consacrons fermement à ce que nous croyons réellement, nous pouvons connaître Dieu. La foi est le fondement de tout.

22 juin – Le disciple authentique

Quand nous parlons d'un maître authentique, nous ne parlons pas d'un individu, mais de la Conscience divine, de la Vérité. Le maître est présent dans tout l'univers. Comprenons-le, car c'est seulement ainsi que nous progresserons spirituellement. Un disciple ne devrait jamais être attaché au corps physique du maître. Élargissons notre point de vue afin de considérer tout être, animé ou inanimé, comme étant le maître et de servir les autres avec dévotion. C'est grâce à notre lien avec lui que nous acquérons cette ouverture d'esprit. Le mental d'un disciple qui mûrit en écoutant les paroles du maître et en observant ses actions s'élève à ce niveau sans même qu'il s'en aperçoive. Par contre le service effectué par quelqu'un qui désire être physiquement proche du maître pour des raisons égoïstes n'est pas le vrai service du maître.

Le lien du disciple avec le maître devrait être si fort qu'il lui soit impossible de supporter un seul moment de séparation. En même temps, il devrait avoir le cœur assez ouvert pour servir les autres au point de s'oublier lui-même. Tel est le disciple authentique, qui a assimilé l'essence réelle du maître.

23 juin – La grande leçon du lâcher prise

Quelle que soit l'expression employée, « l'abandon de soi », « vivre dans le moment présent », « être ici et maintenant », « vivre dans l'instant », elles désignent toutes la même chose. Les termes sont différents, mais l'expérience intérieure est la même. Toutes les formes de pratiques spirituelles nous enseignent la grande leçon du lâcher prise. La vraie méditation n'est pas une action ; c'est le cœur qui brûle de s'unir au Soi, à Dieu.

24 juin – Prendre soin des autres

Quelle que soit la prééminence de notre rang dans la société, nous devrions toujours nous considérer comme les serviteurs de nos frères humains. Pensez que Dieu nous a donné cette position pour que nous puissions les aider à pourvoir à leurs besoins. L'humilité et la modestie s'éveilleront alors automatiquement dans notre cœur. Quand nous accomplissons notre tâche avec l'attitude d'un serviteur de Dieu, notre travail devient une pratique spirituelle. Sur votre lieu de travail, traitez chaque personne, supérieur comme subordonné, avec amour et amitié. La façon dont nous traitons les autres détermine la façon dont le monde nous traite.

25 juin – Acquérir la véritable connaissance

Mes enfants, la véritable connaissance, c'est connaître le mental, connaître le Soi. Nous apprenons ainsi comment employer les principes divins dans notre vie. Presque personne ne s'efforce aujourd'hui d'acquérir cette sagesse. C'est pourtant l'apprentissage prioritaire. Mieux vaut savoir tirer avant de partir à la chasse ; ainsi vous ne gaspillerez pas vos flèches et vous ne courrez pas non plus le danger de devenir la proie des bêtes sauvages. Si vous comprenez vraiment comment vous êtes censés vivre, alors votre vie aura réellement un sens.

26 juin – Faire grandir notre cœur

Nous avons développé l'intellect au point que nous ne pouvons plus vivre sans machines. Alors personne ne fait plus assez d'exercice et pour rester en bonne santé, il faut trouver le temps de faire du sport. Quand on considère les choses de ce point de vue, on constate que tout le confort dont nous jouissons nous affaiblit. De nos jours, tout le monde est continuellement tendu. Malgré tout le confort et les commodités dont nous disposons, chaque instant de notre vie est rempli de tensions. L'égoïsme a pris une ampleur sans précédent. À mesure que l'intellect se développe, le cœur se rétrécit. Il y a bien longtemps que nous n'éprouvons plus les chagrins des autres comme les nôtres. De nos jours, les gens n'hésitent pas à mettre autrui en difficulté pour sauver leur propre bonheur. Pour que cela change, il faut que le cœur grandisse au même rythme que l'intellect.

27 juin – Prendre refuge en Dieu

Il est possible de passer toute une vie sans croire en un Être suprême. Mais dans les moments de crise, pour avancer d'un pas ferme, sans vaciller, nous avons besoin de prendre refuge en Dieu. Soyons prêts à suivre la voie de Dieu. Une vie sans Dieu ressemble à un procès au tribunal où deux avocats s'affrontent en l'absence d'un juge. L'audience n'aboutira à rien… S'ils continuent sans juge, aucun jugement n'est possible.

28 juin – **Respecter toute croyance**

Il n'est pas mauvais de croire que notre foi est juste. Nous devrions néanmoins accorder aux autres la même liberté que celle que nous revendiquons pour nous-même. Car, lorsque nous imposons nos croyances religieuses aux autres, les religions, pourtant nées de l'amour, deviennent des causes d'effusions de sang. Ne laissons pas les religions, conçues comme des chants de paix, engendrer la discorde et la violence.

29 juin – **Un cœur ouvert**

Dieu est amour et compassion envers ceux qui souffrent.

Qui possède un tel cœur n'a pas besoin de prier Dieu.

30 juin – **Le feu de la parole**

On dit parfois que le feu est la divinité qui préside à la parole. La chaleur, la lumière et la fumée sont dans la nature du feu. Comme le feu apporte chaleur et lumière, chacune de nos paroles devrait apporter aux autres de l'énergie et de la connaissance, et ne pas entacher leur esprit comme la fumée qui noircit une pièce.

JUILLET

1er juillet – **Dieu est béatitude**

Mes enfants, priez pour obtenir Dieu seul. C'est le seul moyen de trouver la satisfaction éternelle. Ce qui tombe dans le sucre est forcément sucré. Ainsi, parce que Dieu est béatitude, être en sa présence nous apporte la béatitude. Si vous attrapez la reine, toutes les abeilles suivront. Prenez refuge en Dieu et tous les biens matériels et spirituels seront à vous.

2 juillet – **Dire du mal d'autrui, c'est médire de soi-même**

Rire des erreurs d'autrui, ce n'est pas vraiment rire. C'est en prenant conscience de nos propres erreurs qu'il faut pouvoir éclater de rire. Le rire devrait jaillir du tréfonds de nous-même, un rire dans lequel nous oublions tout, sauf la vérité suprême. C'est cela le vrai rire, le rire de la béatitude. Mais en sommes-nous capable ?

De nos jours, c'est surtout en songeant aux défauts des autres ou en les critiquant que l'on rit. Mais dire du mal d'autrui, c'est médire de soi-même.

3 juillet – **Nos qualités à développer**

Il y a trois éléments qui font qu'un être humain est humain :

– le désir intense de connaître le sens et la profondeur de la vie en utilisant la faculté intellectuelle de discerner,

– la capacité miraculeuse de donner de l'amour,

– la capacité d'être joyeux et de donner de la joie aux autres.

La religion devrait nous aider à développer pleinement ces trois qualités.

C'est ainsi seulement que la religion et les êtres humains atteindront la perfection.

4 juillet – **Un jardin aux doux parfums**

Si vous gardez un animal sauvage, il faut le surveiller étroitement pour être sûr qu'il ne s'échappe pas. Si vous le laissez en liberté, vous devez le suivre partout, car sinon, il pourrait s'enfuir. Quand vous le nourrissez, vous êtes obligé de rester avec lui jusqu'à ce qu'il ait fini son repas. Vous n'avez jamais un instant de repos. Mais le gardien d'un jardin, lui, n'a qu'à rester à l'entrée et s'assurer que personne ne vole les fleurs. Et il profite de leur parfum. De même, si vous courez après les plaisirs du monde, votre mental vous créera sans cesse des ennuis. Il ne sera jamais tranquille. En revanche, la spiritualité vous permet de profiter de la beauté et du parfum de la vie. Sans agitation ni contrariétés.

5 juillet – Les véritables richesses de ce monde

La patience, la conscience et l'attention sont les véritables richesses en ce monde. Elles sont si importantes qu'une personne qui a acquis ces vertus peut réussir n'importe où. Lorsque vous développez ces qualités, votre miroir intérieur, qui vous aide à voir vos impuretés et à les éliminer, devient spontanément limpide. Vous devenez alors votre propre miroir et vous savez comment éliminer ces impuretés intérieures sans avoir besoin de l'aide de personne. Vous obtenez la capacité de vous purifier. Quand vous parvenez à ce stade, vous ne considérez personne comme inférieur. Vous ne discutez pas inutilement. Vous n'avez pas recours à des paroles creuses. Votre grandeur se reflète dans vos actions.

6 juillet – L'amour inconditionnel

Généralement, les relations entre les êtres sont dépourvues d'amour vrai. Dans les relations ordinaires, il y a deux entités, on pourrait même dire trois : l'amant, l'aimée et l'amour. Mais dans l'amour réel, l'amant et l'aimée disparaissent et ce qui demeure est une expérience constante d'amour pur et inconditionnel.

7 juillet – Comment peut-on être orgueilleux ?

Quelqu'un du haut de l'escalier s'écrie : « Je descends tout de suite ! » Mais il n'a pas descendu plus de cinq marches qu'il s'effondre, victime d'une crise cardiaque.

Même l'instant qui vient n'est pas entre nos mains. Une fois que nous avons vraiment compris cela, comment pourrions-nous être orgueilleux ? Lorsque nous expirons, il n'y a aucune garantie que nous allons inspirer à nouveau. C'est la puissance de Dieu qui nous porte à chaque instant. Lorsque nous en prenons conscience, nous éprouvons naturellement un sentiment d'humilité.

8 juillet – Quand l'individualité disparaît

Tant que l'eau remplit le lit de la rivière, nous voyons deux rives et nous distinguons entre « ce côté-ci » et « ce côté-là ». Mais si la rivière est à sec, nous ne voyons qu'une étendue continue de sable ; les deux rives et le lit de la rivière font partie du même sol. De même, la notion de « je » et de « toi » ne surgit que parce que nous continuons à avoir le sentiment de l'individualité. Quand l'individualité disparaît, tout est un, complet et parfait.

9 juillet – Ce que nous cherchons est en nous

« Renoncer à toute quête » signifie renoncer à toute quête du bonheur dans le monde, parce que ce que nous cherchons est en nous. Cessez de courir après les objets du monde et regardez à l'intérieur. C'est là que vous trouverez ce que vous cherchez.

Nous sommes à la fois *celui* qui cherche et *ce* que nous cherchons. Vous cherchez quelque chose que vous possédez déjà.

10 juillet – Ne pas se croire enchaîné

La réalisation du Soi ne s'achète pas. Une transformation doit se produire dans votre attitude, voilà tout. Les gens se méprennent et croient que leurs liens sont réels.

Une vache était habituellement attachée la nuit dans son étable. Un jour, au lieu de l'attacher, on se contenta de la rentrer et de fermer la porte. La corde gisait sur le sol. Le lendemain, quand le propriétaire ouvrit la porte pour la faire sortir, la vache ne bougea pas. Il eut beau la pousser, elle refusait d'avancer. Il employa le bâton, sans résultat. « D'habitude, j'attache la vache mais je ne l'ai pas fait hier soir. Et si je faisais semblant de la détacher ? » songea-t-il. Il prit le bout de la corde et fit le geste de délier. La vache quitta aussitôt l'étable.

Les êtres humains sont ainsi. Ils ne sont pas liés et pourtant ils croient l'être. Il faut faire disparaître cette illusion. Comprenez simplement que vous n'êtes absolument pas enchaînés : pour qu'il y ait des liens à dénouer, il faudrait d'abord qu'ils existent. Mais sans l'aide d'un vrai maître, vous ne parviendrez pas à corriger cette conception erronée ; la tâche du maître est de vous convaincre que vous n'êtes pas attaché.

11 juillet – L'amour plus fort que la peur

L'amour vrai est l'état d'où la peur est totalement absente. La peur fait partie intégrante du mental. C'est pourquoi la peur et l'amour vrai ne peuvent pas coexister. À mesure que l'amour devient plus profond, l'intensité de la peur décroît.

La peur ne peut exister que tant que l'on est identifié au corps et au mental. Transcender les faiblesses du mental et vivre dans l'amour, c'est être un avec le Divin. Plus nous avons d'amour, plus le Divin se manifeste en nous ; moins nous avons d'amour, plus notre peur est grande et plus nous nous éloignons du centre de la vie. L'absence de peur est sans conteste une des plus grandes qualités de celui qui aime véritablement.

12 juillet – Assimiler les principes spirituels

Toute religion a deux aspects : d'une part les enseignements philosophiques tels qu'ils sont exposés dans les Écritures, d'autre part la spiritualité. Le premier constitue l'enveloppe extérieure de la religion, alors que la spiritualité en est l'essence. La spiritualité est l'éveil de notre nature réelle. Ceux qui font l'effort de connaître leur Soi véritable sont les vrais croyants. Quelle que soit notre religion, si nous comprenons les principes spirituels, il est possible d'atteindre le but ultime, la réalisation de notre vraie nature. Inversement, si nous ne parvenons pas à les assimiler, la religion ne sera rien de plus qu'une foi aveugle qui nous emprisonne.

13 juillet – Des règles libératrices

Quand on conduit sa voiture au gré de sa fantaisie, sans respecter le code de la route, on risque fort d'avoir un accident, et même d'en mourir. Il existe des règles de la circulation et il faut les suivre. Ainsi,

Dieu n'a pas seulement créé toute chose. Il a également établi des règles pour tout et nous devons vivre en accord avec elles.

Mangez uniquement ce qui est nécessaire. Ne parlez que quand c'est nécessaire. Dormez le temps qu'il vous faut mais pas plus. Consacrez le reste de votre temps à faire de bonnes actions. Ne gaspillez pas un seul instant de votre vie et essayez de faire en sorte que celle-ci soit bénéfique pour les autres aussi.

14 juillet – **Avoir la conscience de rêver**

Le rêve n'est pas séparé du rêveur. Mais pour savoir que toutes nos expériences sont un rêve, il faut d'abord se réveiller. Tout est Dieu. Cependant, nous percevons tout ce qui nous entoure comme séparé de nous-même parce que nous ne sommes pas encore éveillé à ce niveau de conscience.

Nous sommes attaché à certaines choses et nous éprouvons de l'aversion pour d'autres. C'est ainsi que le bonheur et la souffrance sont devenus la nature de la vie. Quand nous nous éveillons à notre véritable essence, il n'y a plus de « moi » ni de « toi », tout est Dieu. Il ne reste plus que la béatitude.

15 juillet – Rechercher la beauté intérieure

C'était une grande surprise-partie, où tous les invités portaient des tenues de prix et des bijoux. Un des invités arriva, vêtu modestement. Le portier refusa de le laisser entrer. L'homme rentra chez lui et revint tiré à quatre épingles. Cette fois, on le laissa entrer. Arrivé à la table du dîner, il ôta son veston et le mit devant un plat. Il enleva son chapeau et le posa à côté d'un verre et il plaça sa cravate à côté d'une tasse de thé. Les autres invités crurent qu'il était fou. Se tournant vers eux, il déclara : « Quand je suis venu habillé de manière ordinaire, on ne m'a pas laissé entrer. Je conclus donc que ce n'était pas moi qui étais invité à ce dîner, mais mes vêtements. »

Voilà à quoi ressemble le monde d'aujourd'hui. Les gens n'ont foi que dans les apparences extérieures. Rares sont ceux qui recherchent la beauté intérieure.

16 juillet – Profondeur immuable

Toute pensée, tout débordement émotionnel et tout désir est pareil à un caillou que l'on jette dans le lac du mental. Les pensées ininterrompues sont comparables aux rides qui se succèdent à la surface de l'eau : elles vous empêchent de voir clairement à travers. Vous n'accordez jamais un instant de repos à votre mental. Soit il veut à tout prix satisfaire un désir, soit il est en colère, ou jaloux, soit il aime, ou il déteste. Et si rien ne se passe dans le présent, les souvenirs du passé s'imposent insidieusement. Plaisirs, douleurs, joies, regrets, ressentiments… il y a toujours quelque chose. Dès que le passé se retire, le futur apparaît avec ses belles promesses et ses rêves. Le mental est ainsi continuellement accaparé, toujours occupé et jamais libre.

Mais en réalité, vous ne voyez que la surface, vous ne percevez que les vagues. Et parce que vous ressentez cette agitation, vous faites l'erreur de penser que la profondeur bouge également, alors que le fond est immobile. Il est toujours en repos. Vous projetez le mouvement de la surface – les ondulations des pensées et des émotions – sur la profondeur immuable, sur le fondement originel. Le mouvement dû aux vagues des pensées n'appartient qu'à la surface, au mental.

17 juillet – **Réaliser le Soi**

Le but ultime de notre vie est de réaliser le Soi. Si tel est notre but, nous ferons en sorte que toutes nos pensées et nos actions nous en rapprochent. Nous garderons toujours à l'esprit notre véritable destination. Un voyageur peut s'arrêter plusieurs fois en route pour prendre une tasse de thé ou se restaurer, mais il retourne toujours à son véhicule. Ainsi, dans la vie, il peut nous arriver, pour différentes raisons, de faire de nombreux arrêts. Mais n'oublions pas de remonter à bord du véhicule qui nous transporte sur la voie spirituelle et de nous y asseoir en gardant la ceinture de sécurité bien attachée.

18 juillet – Discerner entre l'éphémère et l'éternel

Vivez aujourd'hui avec beaucoup de soin et de vigilance et demain sera votre ami.

La dévotion est importante. Mais si vous priez pour ensuite médire d'autrui, ce n'est pas de la dévotion. Efforçons-nous de voir Dieu en chacun, c'est cela, la dévotion. Accomplir de bonnes actions avec une attention extrême, c'est aussi de la dévotion. Ce qu'Amma nomme dévotion, c'est la faculté de discerner entre l'éternel et l'éphémère. C'est ce dont nous avons besoin.

19 juillet – Demeurer en son centre

Un chef de famille ne s'occupe que de sa femme et de ses enfants ; il ne s'inquiète que de leurs problèmes. Mais un être spirituel doit porter le fardeau du monde entier. Parce qu'il est établi dans sa foi et dans sa sagesse spirituelle, aucune situation n'a le pouvoir de l'ébranler. Il ne peut se permettre aucune faiblesse. Il n'est pas perturbé par les paroles et les actes d'autrui – qui n'ont pas la moindre influence sur lui.

Mais aujourd'hui, les gens sont loin d'avoir de tels comportements. Si quelqu'un se met en colère et profère quelques paroles insultantes, ils sont prêts à le tuer sur-le-champ. S'ils ne peuvent le punir immédiatement, ils ruminent sans cesse leur vengeance. L'équilibre de leur vie repose sur quelques paroles lâchées par d'autres. Un être spirituel authentique est différent. Il s'entraîne à demeurer fermement établi en son centre intérieur. Il découvre ce qu'est réellement la vie. Il est impossible de se consacrer à la vie spirituelle sans un discernement et un détachement authentiques.

20 juillet – Des êtres pleins de grandeur

Si nous tournons le dos à quelqu'un en songeant seulement aux erreurs que cette personne a commises, quel avenir a-t-elle donc ? En revanche, si nous voyons le bien qui existe encore en elle et que nous l'encouragions à développer cette vertu, elle progressera. L'effet sera peut-être tel qu'elle en sera transformée et deviendra un être plein de grandeur. Sri Rama était prêt à se prosterner devant la reine Kaikeyi, responsable de son bannissement dans la forêt ; le Christ lava les pieds de Judas, alors qu'Il savait que celui-ci s'apprêtait à Le trahir ; quand la femme qui avait un jour lancé de la boue contre le prophète Mahomet tomba malade, Il prit soin d'elle sans que personne le Lui ait demandé. Tel est l'exemple que nous donnent les grandes âmes. Le meilleur moyen de connaître la paix et le bonheur est de suivre la voie que ces êtres nous ont montrée.

21 juillet – **Le service désintéressé**

La vérité, c'est que nous ne pouvons pas rester inactifs un seul instant. Si le corps est au repos, le mental ne l'est pas. Même pendant le sommeil, nous agissons en rêve. La respiration et les autres fonctions de l'organisme continuent automatiquement. Il est impossible d'éviter l'action. Alors pourquoi ne pas agir d'une manière qui soit bénéfique pour le monde ? Les actions désintéressées affaiblissent les tendances innées indésirables que nous avons accumulées jusque-là. Nous ne pouvons les surmonter que si nos pensées, nos paroles et nos actes sont bons.

Les maîtres spirituels d'autrefois confiaient aux disciples qui venaient étudier les textes sacrés des travaux tels que le ramassage du bois, l'arrosage des plantes et la lessive. Le service désintéressé est essentiel, il nous permet de transcender l'égoïsme et l'attachement au corps physique. Personne ne devrait donc rester oisif ni décourager ceux qui travaillent.

22 juillet – Amour et vie sont indissociables

Un scientifique affirme qu'il cherche à découvrir la vérité du monde empirique par une approche analytique. Il dissèque les choses pour analyser leur fonctionnement. Si on lui donne un chaton, il préfère l'utiliser pour la recherche plutôt que de le choyer comme animal domestique. Il mesurera le rythme de sa respiration, son pouls, sa tension. Au nom de la science et de la recherche de la vérité, il disséquera l'animal et examinera ses organes. Une fois le chaton éventré, il est mort. La vie a disparu ainsi que toute possibilité d'aimer. Il n'y a amour que s'il y a vie. Dans sa quête de la vérité de la vie, le scientifique a inconsciemment détruit la vie elle-même. Étrange !

23 juillet – Réserver du temps à la recherche spirituelle

À quoi sert notre vie si nous ne sommes même pas capables de réserver une heure sur les vingt-quatre heures de notre journée pour penser à Dieu ? Réfléchissez au nombre d'heures passées à lire des journaux, à bavarder et à agir de façon inutile. Mes enfants, nous pouvons certainement consacrer une heure à la recherche spirituelle si nous le voulons. Elle est notre véritable richesse.

24 juillet – Les égoïstes ne sont jamais en paix

Par son égoïsme croissant, l'humanité creuse sa propre tombe. Les hommes creusent le sol sous leurs pieds et ils vont finir par tomber dans le trou. Ils n'en ont pas conscience. Ceux qui veulent deux fois plus de tout, que ce soit de la nourriture ou des biens, volent en réalité ce qui appartient aux autres. À cause de leur avidité, les autres n'ont pas de quoi satisfaire leurs besoins. Les égoïstes ne sont jamais en paix, ni pendant leur vie, ni après la mort.

25 juillet – Nous recevons ce que nous donnons

Quand un changement se produit en nous, il se reflète aussi chez les autres. Mes enfants, rappelez-vous toujours que nous ne recevons que ce que nous donnons. Le cœur pompe du sang et l'envoie dans toutes les cellules du corps qui en sont nourries. Puis le sang revient au cœur. Si quelque chose fait obstacle à ce cycle, la vie elle-même est menacée. Comme le cœur, il nous faut apprendre non seulement à recevoir, mais aussi à redonner. C'est uniquement quand nous donnons que nous recevons en échange. Dans la chaîne de la vie, la faiblesse d'un maillon affecte les autres. Comprenons que chacun de nos sourires, chacune de nos paroles et de nos actions a le pouvoir d'apporter du soleil dans la vie de beaucoup d'autres. Assurons-nous donc que nos actions sèment la joie et la satisfaction non seulement en nous mais aussi autour de nous.

26 juillet – Nos ennemis sont en nous

Nos ennemis ne sont pas à l'extérieur ; ils sont en nous. Nous sommes notre propre ennemi. L'esclavage dans lequel nous tiennent nos désirs et notre ignorance de la véritable nature de la vie, telles sont les faiblesses qui nous limitent.

27 juillet – Un amour pur de toute attente

Les relations humaines nous font parfois souffrir. Si l'amour de l'un diminue, l'autre risque de se mettre en colère. La cause en est que ce type de relation est fondé sur des espoirs et des souhaits, sur des attentes et des désirs. Mais quand nous tendons vers Dieu, c'est complètement différent parce que nous n'attendons rien en échange de notre amour. Et pourtant, dans cet amour pur de toute attente, tout nous est donné.

28 juillet – Devenir un exemple inspirant

Mes enfants, celui dont les actes sont désintéressés, même s'il n'a pas le temps de réciter le moindre mantra, parvient à l'immortalité. Un tel être est une bénédiction pour les autres, comme du nectar. Une vie totalement consacrée aux autres est le plus grand des enseignements spirituels. Et c'est un exemple dont les autres peuvent s'inspirer.

29 juillet – L'amour, la confiance et la foi

Nos contemporains se préoccupent de l'intellect et de la raison : ils considèrent souvent que l'amour et la foi sont aveugles. Mais selon Amma, c'est la raison qui est aveugle. En effet, quand il n'y a rien d'autre que la logique et la raison, la vie elle-même se fane et meurt. C'est l'amour, la confiance mutuelle et la foi qu'il faut développer en priorité.

Imaginez un monde qui reposerait uniquement sur l'intellect et la raison ! Dans un tel monde, il n'y aurait plus que des robots à l'esthétique impeccable, doués du mouvement et de la parole. Or, n'est-ce pas l'amour et la foi qui sont le véritable fondement de la vie ?

Il faut placer le fumier et l'engrais au pied du rosier et non sur les fleurs au parfum délicat car elles se faneraient aussitôt. Utilisez la raison et l'intellect à bon escient. Ne les laissez pas détruire l'amour et la foi qui donnent à la vie sa beauté et son parfum !

30 juillet – Grandir

Une graine doit être enterrée dans le sol pour que sa nature réelle se manifeste sous forme de plante. Nous ne pouvons grandir que grâce à la modestie et à l'humilité. La fierté et l'orgueil nous détruiront. Vivons avec la ferme conviction : « Je suis le serviteur de tous. »

31 juillet – La meilleure manière d'adorer Dieu

Amma se rappelle une histoire. Un homme décide de faire de la politique, mais un ami lui dit :

« Ne te mêle pas de politique parce que tu devras donner tout ce que tu as.

– Pas de problème, je le ferai.

– Si tu as deux voitures, il faudra que tu en donnes une.

– Cela n'est vraiment pas un problème !

– Si tu as deux maisons il faudra que tu en cèdes une.

– Je le ferai, c'est certain.

– Et si tu as deux vaches, il faudra que tu en donnes une à quelqu'un qui n'en a pas.

– Oh non ! C'est impossible !

– Pourquoi pas ? Donner ta voiture ou ta maison ne constitue pas un problème. Alors pourquoi hésites-tu à donner une vache ?

– C'est que je ne possède qu'une seule voiture et une seule maison, mais que j'ai bien deux vaches ! »

Voilà la générosité des gens aujourd'hui. Ils sont tout à fait prêts à donner ce qu'ils ne possèdent pas, mais ils ne veulent pas se séparer de leurs biens ! Notre générosité ne devrait pas être de ce type. Aider quelqu'un – même si cela nous rend la vie un peu difficile – est la meilleure manière d'adorer Dieu.

AOÛT

1er août – Surmonter la souffrance

Imaginez que quelqu'un vous insulte et que vous réagissiez en allant pleurer dans un coin. Vous êtes malheureux parce que vous avez accepté l'insulte. Si vous ne l'acceptez pas, cela reste le problème de cette personne, pas le vôtre. Il faut donc que vous rejetiez l'insulte. Si vous agissez ainsi, avec discernement, vous serez libéré de la souffrance.

Lorsque nous sommes confrontés à la souffrance, essayons de la surmonter au lieu de nous affaiblir en y songeant. Certains sages des temps anciens apprirent les vérités essentielles et les mirent en pratique dans leur vie. Si nous prêtons attention à leurs paroles et vivons en accord avec les instructions des Textes sacrés, nous pouvons traverser n'importe quelle situation sans chanceler. La connaissance spirituelle est infiniment plus importante que les autres savoirs, car elle nous enseigne comment vivre en ce monde.

2 août – S'opposer aux actions erronées

Si notre tolérance renforce la vanité, l'ego d'une autre personne, alors mieux vaut la mettre de côté. Soyons cependant attentifs à n'éprouver aucun sentiment de vengeance, aucun ressentiment envers cette personne. Il ne s'agit pas de s'opposer à un individu, mais uniquement aux actions erronées qu'il commet.

3 août – Connaître notre monde intérieur

Il y eut un jour une cérémonie pour inaugurer un nouveau super-ordinateur. Après l'inauguration, les organisateurs invitèrent les participants à poser n'importe quelle question au super-ordinateur, promettant qu'il répondrait en quelques secondes. Chacun fit de son mieux pour poser au super-ordinateur les questions les plus complexes, dans les domaines des sciences, de l'histoire, de la géographie, etc. Dès qu'une question était posée, la réponse s'affichait sur l'écran. Soudain, un enfant s'est levé et a posé une question très simple. « Salut, super-ordinateur. Comment vas-tu aujourd'hui ? » L'écran scintilla pendant longtemps, mais aucune réponse n'apparut ! L'ordinateur pouvait fournir des réponses aux questions portant sur n'importe quel sujet, excepté sur lui-même.

Nous vivons pour la plupart dans une situation similaire à celle de cette machine. Parallèlement à notre compréhension du monde, nous devons aussi développer la connaissance de notre monde intérieur.

4 août – Dans le souvenir constant de Dieu

Des ondes de toutes sortes se propagent dans l'atmosphère qui nous entoure. Les pensées en font partie. C'est pourquoi il est recommandé d'exprimer chaque pensée et chaque parole avec soin. On dit que la tortue couve ses œufs par la pensée, le poisson par le regard et la poule par la chaleur de son corps. Les ondes de nos pensées sont puissantes. Si nous nous mettons en colère contre quelqu'un qui n'a rien fait de mal, la personne, blessée, va penser : « Mon Dieu ! Mais je ne sais rien de cette histoire ! Pourquoi toutes ces paroles de colère ? » Cette onde de souffrance sera captée par notre aura subtile qui va l'absorber et s'assombrir, comme un miroir recouvert de fumée. La fumée empêche la lumière d'atteindre le miroir, et la pellicule sombre engendrée par la vague de souffrance nous empêche de recevoir la grâce de Dieu. D'où la nécessité d'éliminer les mauvaises pensées et de tourner notre esprit vers Dieu. En gardant le souvenir constant de Dieu, nous devenons pareils à Lui.

5 août – Changer notre état d'esprit

Il existe un moyen de surmonter les situations difficiles : changer notre état d'esprit. C'est la seule façon de trouver la vraie joie. Il est impossible de transformer complètement notre environnement pour l'adapter à nos besoins. C'est donc l'inverse qu'il faut faire : changer notre état d'esprit et nous adapter au monde extérieur. Et cela n'est possible que grâce aux pratiques spirituelles.

6 août – La source éternelle

Que se passe-t-il quand vous tirez de l'eau d'un puits ? Il est aussitôt rempli par l'eau de la source souterraine. Elle le remplit continuellement. Plus vous puisez, plus l'eau monte de la source. On pourrait donc dire, d'une certaine manière, que la quantité d'eau dans le puits augmente. Le puits est plein et il le demeure parce qu'il est éternellement relié à la source. Le puits ne cesse jamais d'aller vers la perfection, de grandir. Le corps humain est un instrument très limité. Il ne peut contenir la conscience infinie. Mais comme le puits, une fois que nous sommes reliés à la source éternelle de l'énergie divine, la conscience ne cesse de grandir en nous.

7 août – Compréhension et tolérance

Le problème surgit lorsque nous déclarons : « Notre religion a raison, la vôtre a tort », cela revient à dire : « Ma mère est une femme très bien, la tienne est une prostituée ! » L'amour et la compassion sont l'essence même de toutes les religions. Où est donc alors la nécessité pour nous d'entrer inutilement en compétition ?

8 août – La présence d'un maître

Mes enfants, si nous traversons une fabrique d'encens, nous serons ensuite imprégnés de son parfum. Même si nous n'y travaillons pas, même si nous n'en achetons pas et ne touchons à rien. Il nous suffit d'entrer dans ce lieu pour que la fragrance nous suive, sans effort de notre part. De la même manière, quand nous sommes en présence d'un maître spirituel, une transformation se produit, même si nous n'en avons pas conscience. Le temps que nous passons en sa présence a une valeur inestimable. Par contre, si nous vivons en compagnie de personnes dont l'esprit est enveloppé de ténèbres, c'est comme si nous entrions dans une mine de charbon ; nous aurons beau ne pas y toucher, nous ressortirons noirs de la tête aux pieds.

Trouver le moyen de pratiquer une ascèse pendant de nombreuses années n'est pas difficile ; mais la chance d'être auprès d'un maître est extrêmement rare. Une telle occasion ne devrait jamais être gaspillée. À nous de montrer une patience inépuisable et de faire le meilleur usage possible de cette expérience. Le regard ou le toucher d'un maître peut nous apporter plus que dix années d'ascèse.

9 août – Rire de nos propres faiblesses

Ceux qui sont capables de voir leurs propres faiblesses, leurs propres défauts et d'en rire, possèdent du discernement.

10 août – Traverser nos émotions

La spiritualité n'est pas un voyage vers l'ailleurs, il s'agit d'un voyage de retour. Nous retournons à la source originelle de nos existences. Au cours de ce processus, il nous faudra traverser les couches d'émotions que nous avons accumulées jusque-là. Elles sont la cause de notre souffrance. Si nous sommes ouverts en traversant ces couches, nous les dépasserons et les transcenderons, ce qui nous mènera finalement à la paix et à la béatitude suprêmes.

11 août – Au travail !

Pensez combien nous nous démenons pour passer un examen ou obtenir un emploi ! Mais pour la béatitude éternelle, nous n'avons pas même encore essayé de nous connaître nous-même. Passons le temps qui nous reste à progresser vers ce but.

12 août – Un monde à partager

Les humains doivent comprendre qu'ils ne sont pas la seule espèce à avoir le droit de vivre. Tant d'espèces ont déjà disparu ! Il ne suffit pas de se montrer bon et compatissant envers les êtres humains, il est nécessaire de manifester ces vertus envers tous les êtres vivants.

13 août – Le principe unique

En modelant l'argile, nous pouvons sculpter un âne, un cheval, une souris ou un lion. Le nom et la forme ont beau être différents, en réalité, ce n'est que de l'argile. Il faut abandonner notre habitude de percevoir l'univers au travers de noms et de formes diverses. En réalité, c'est le principe unique suprême qui s'est transformé pour prendre toutes ces formes. Tout est Dieu. Il n'existe rien qui ne soit Dieu.

14 août – Le devoir du maître spirituel

Il est impossible de connaître la vérité sans détruire complètement le voile de l'ego. Le maître soumet le disciple à différentes épreuves pour voir s'il est venu dans un bref élan d'enthousiasme ou bien par amour pour le but spirituel. Ces épreuves sont semblables aux interrogations surprises en classe. Les élèves ne sont pas prévenus à l'avance. C'est le devoir du maître de mesurer la patience, le renoncement et la compassion du disciple et de voir s'il faiblit devant certaines situations ou s'il a la force de les surmonter. Les disciples sont censés devenir des guides pour le monde. Des milliers de gens viendront peut-être à eux en leur faisant totalement confiance. Ils doivent avoir assez de force intérieure, de maturité et de compassion pour ne pas décevoir cette confiance.

15 août – Ne s'inquiéter de rien

Ceux qui se sont voués à Dieu n'ont à s'inquiéter de rien. Nous ne devrions jamais aller vers quiconque avec un désir en tête, car cela ne nous apportera que de la souffrance. Prenons refuge en Dieu seul. Il nous donnera au moment voulu tout ce dont nous avons besoin.

16 août – Prendre des risques

Rire, c'est risquer de paraître sot,
Pleurer, c'est risquer de paraître sentimental,
Tendre la main à quelqu'un,

C'est risquer de s'engager,
Montrer ses sentiments, c'est risquer de se dévoiler,
Exposer ses idées et ses rêves aux masses,
C'est risquer de les perdre,
Aimer, c'est risquer de ne pas être aimé en retour,
Espérer, c'est risquer de désespérer,
Essayer, c'est risquer d'échouer.
Mais il est nécessaire de prendre des risques
Car le plus grand des risques
Serait de n'en prendre aucun.
Qui ne risque rien ne fait rien, n'a rien et n'est rien.
On évite peut-être ainsi la souffrance
Mais il est impossible d'apprendre, de sentir,
De changer, de grandir, d'aimer ou de vivre.
Enchaîné par ses peurs, un tel être est un esclave,
Il a renoncé à sa liberté.
Seul est libre celui qui prend des risques.

17 août – **S'offrir à Dieu**

Il n'existe qu'une seule manière de connaître Dieu, c'est de s'offrir entièrement à Lui.

18 août – **Réduire nos besoins**

Le renoncement devrait faire partie de notre vie. Si nous avons l'habitude d'acheter dix tenues différentes chaque année, achetons-en une de moins et diminuons encore nos achats l'année suivante. Nous pourrons réduire notre garde-robe au nombre de vêtements dont nous avons réellement besoin et l'argent ainsi économisé par dix personnes suffira à construire une maison pour quelqu'un qui en a vraiment besoin, telle une personne handicapée ou très pauvre. Nombreux seront ceux qui nous imiteront en voyant notre droiture et notre abnégation. Réduisez le luxe, dans les vêtements comme dans tout le reste, et utilisez l'argent ainsi économisé à des fins charitables.

19 août – Lui, qui bat dans le cœur de chacun

«J'existe» est une vérité évidente en elle-même. Vous pouvez nier Dieu en disant «Dieu est une simple croyance». Mais le fait d'exister ne saurait être réfuté. Cette existence, cette énergie cosmique, c'est Dieu. Ce Dieu n'a ni mains, ni jambes, ni yeux ou corps séparés, différents des nôtres. Il agit à travers nos mains, Il marche avec nos jambes, Il voit à travers nos yeux et c'est Lui qui bat dans le cœur de chacun d'entre nous.

20 août – S'incliner humblement

Lorsque nous nous inclinons devant un maître spirituel, nous ne voyons pas cet individu, mais les principes qu'il incarne. Nous nous inclinons devant cet idéal, afin de pouvoir nous aussi atteindre ce niveau. Seule l'humilité peut nous permettre de progresser. Toute graine contient un arbre. Mais si la graine reste dans la réserve en proclamant qu'elle est un arbre, elle servira de nourriture à un rat ! La nature réelle de la graine ne se révèle que quand elle s'incline et s'enfonce dans la terre.

21 août – Maintenir la flamme de la compassion

Lors de catastrophes naturelles, les cœurs s'ouvrent, on oublie les notions de caste, de religion, de politique. Mais l'ouverture d'esprit et la compassion manifestées en de telles occasions ne durent que le temps d'un éclair. Et pourtant, si nous parvenions à maintenir cette flamme de compassion allumée dans notre cœur, elle aurait le pouvoir de dissiper les ténèbres qui nous entourent.

22 août – Guérir nos blessures

L'amour est le fondement de la vie. Quatre-vingt-dix pour cent des problèmes physiques et mentaux auxquels nous sommes confrontés proviennent des souffrances et des chagrins du passé. Chacun de nous porte des blessures qui ne sont pas guéries. La science médicale n'a pas trouvé le remède pour guérir ces blessures-là. Il en existe pourtant un : ouvrir notre cœur à tous.

Quand on développe l'amour et le respect mutuel, les problèmes diminuent. L'amour est le fondement de la vie. La source de tous nos problèmes actuels c'est que, consciemment ou pas, nous l'ignorons. Si le corps a besoin de nourriture pour grandir, l'âme a besoin d'amour.

Donc, mes enfants, aimez-vous les uns les autres et recherchez l'unité.

23 août – **Céder, c'est avancer**

Le mental des gens est aujourd'hui rempli de vanité. Notre effort devrait viser à détruire l'ego en nous. Cela signifie être parfaitement réceptif aux autres. Imaginons deux voitures qui se retrouvent nez à nez sur une route étroite. Si les deux conducteurs refusent de céder le passage, aucun d'eux ne peut avancer. Mais si l'un d'entre eux est prêt à reculer un peu, tous deux peuvent continuer leur route.

Dans ce cas, celui qui est prêt à céder, à faire un compromis, et celui qui reçoit ce geste peuvent tous deux avancer. C'est pourquoi on dit que céder, c'est en vérité avancer. Cela élève aussi bien la personne qui cède que celle qui reçoit cette courtoisie. Considérons toujours l'aspect pratique des choses ; l'ego constitue un obstacle à notre progrès.

24 août – Enraciner notre vie dans la Vérité

Enracinons fermement notre vie dans la Vérité. Abstenons-nous de mentir. En cet âge sombre du matérialisme, l'adhésion à la Vérité est l'ascèse la plus noble. Il peut nous arriver d'avoir à mentir de temps à autre pour protéger quelqu'un ou pour maintenir l'harmonie, mais nous devons veiller à ne pas mentir pour notre propre satisfaction égoïste.

25 août – Aimer sans rien attendre en échange

Menons notre vie comme si nous accomplissions un devoir. Alors nous ne succomberons pas au chagrin si d'autres nous trahissent ou nous abandonnent, et si quelqu'un que nous avons aimé plus que notre propre vie se retourne tout à coup contre nous, nous ne nous effondrerons pas, nous ne serons pas désespérés. Quand vous avez une coupure au doigt, ce n'est pas en vous contentant de rester assis à pleurer que vous la guérissez. Et pleurer ne vous aidera pas non plus si vous perdez votre fortune ou bien vos parents et amis. Vos larmes ne les feront pas revenir. Mais si nous comprenons et acceptons le fait que ceux qui sont avec nous aujourd'hui peuvent nous quitter demain, nous pourrons vivre heureux et libres de tout souci. Cela ne signifie pas que nous ne devons aimer personne, au contraire, nous devrions aimer tout le monde. Mais cet amour doit être désintéressé. Aimons sans rien attendre en échange.

26 août – Se faire mendiant

En vérité, nous devrions penser que nous sommes des mendiants. Un mendiant arrive dans une maison pour demander une aumône. Il est peut-être mal accueilli : « Il n'y a rien pour toi ici. Va-t'en ! » Mais quelles que soient les invectives qu'il reçoit, il n'ouvre pas la bouche. Il pense : « Je ne suis qu'un mendiant. Je n'ai personne sur cette terre à qui confier mes tourments, Dieu seul connaît mon cœur. » Si là encore on l'accueille avec colère, il tente sa chance chez le voisin.

Telle devrait être notre attitude. Dès que nous assumons le rôle d'un mendiant, l'ego s'écroule en grande partie. Nous avons alors le sentiment que Dieu est notre seul refuge et les tendances négatives tombent d'elles-mêmes. On ne devient plus grand que le plus grand qu'en se faisant plus petit que le plus petit. C'est en servant tous les êtres que l'on devient le maître de l'univers.

27 août – Ne rejeter personne

Il est à la portée de tout le monde de rejeter autrui, mais accepter tout un chacun, voilà ce qui est difficile. L'amour seul permet d'éclairer les gens sur leurs erreurs et de les guider vers une vie juste. Si nous désavouons quelqu'un à cause de ses erreurs, il continuera à les commettre.

28 août – Notre vie en péril

Amma sait bien qu'il y a un gain économique quand on utilise des engrais chimiques. Grâce à eux, nous obtenons temporairement de meilleures récoltes. Mais par ailleurs, ils nous tuent. Certains diront peut-être que des récoltes plus abondantes résolvent le problème de la famine mais, en raisonnant ainsi, ils négligent un facteur important : d'innombrables cellules périssent dans le corps de ceux qui consomment les légumes et les céréales cultivés avec des engrais toxiques.

Nous ne prenons pas au sérieux une petite piqûre d'aiguille. Mais si nous sommes piqués constamment, cela peut entraîner la mort. Les conséquences de la présence des produits chimiques dans notre corps sont comparables. Toutes nos cellules sont en train de mourir. Nous ne comprendrons la gravité de la situation que quand nous nous effondrerons, morts.

29 août – Un amour égal pour tous

Amma est incapable d'être partiale. Son amour est égal pour tous. Quand une lampe brûle devant une maison, tous ceux qui s'en approchent reçoivent la même quantité de lumière, il n'y a pas plus de lumière pour certains et moins pour d'autres. Mais si vous gardez les portes fermées et restez à l'intérieur, vous resterez dans les ténèbres. Il est inutile de rester dans le noir pour blâmer ensuite la lumière. Si vous voulez la lumière, ouvrez les portes de votre cœur et sortez.

30 août – Cultiver le détachement

Il est difficile de cultiver le détachement en s'abandonnant aux excès. Amma ne dit pas que c'est impossible, mais le détachement que nous obtenons après le plaisir est momentané. Il nous faut donc consciemment cultiver une attitude de détachement envers les plaisirs du monde. Si nous aimons le riz au lait et en consommons à satiété, nous serons satisfaits, mais plus tard nous en désirerons deux fois plus. Il est impossible de se détacher des plaisirs sensoriels en essayant de satisfaire les sens une fois pour toutes. Nous ne pouvons nous en éloigner qu'en adoptant consciemment une attitude de détachement par rapport aux objets extérieurs.

31 août – La spiritualité, mode d'emploi de la vie

Quand vous allez dans un lieu inconnu, si vous êtes muni d'une carte fiable, vous n'avez pas à vous inquiéter. Ainsi, si vous prenez comme guide les principes de la spiritualité et les appliquez dans votre vie, vous ne serez jamais submergé par aucune crise. Vous saurez comment prévoir n'importe quelle situation et y faire face. La spiritualité est la science pratique de la vie. Elle nous enseigne la nature du monde, comment comprendre la vie et vivre pleinement, de la meilleure manière possible.

SEPTEMBRE

1er septembre – Traverser la tristesse

Mes enfants, si vous ne réussissez pas à surmonter votre tristesse, méditez et répétez un mantra pendant un moment ou bien lisez un texte tiré des Textes sacrés. Au lieu de laisser le mental vagabonder, fixez-le sur une activité que vous aimez. Cela vous permettra de trouver le calme intérieur.

2 septembre – Organiser le temps

Aimez votre discipline autant que vous aimez Dieu. Ceux qui aiment Dieu aiment aussi la discipline. Nous devrions l'aimer plus que tout.

Celui qui est habitué à boire du thé à une certaine heure a mal à la tête ou bien éprouve d'autres désagréments s'il en est privé. L'habitude contractée hier se manifeste aujourd'hui à son heure. De même, si nous établissons un emploi du temps et que nous le respections strictement, nous développerons des habitudes qui, au moment voulu, nous rappelleront notre devoir.

3 septembre – **La responsabilité des mères**

La femme est la créatrice du genre humain. Elle est le premier maître, le premier guide et mentor de l'humanité. Songez aux forces immenses, bonnes ou mauvaises, qu'un être humain peut libérer dans le monde. Que nous en soyons conscient ou non, chacun de nous a un effet profond sur les autres. Il ne faut surtout pas sous-estimer la responsabilité d'une mère, l'influence qu'elle a sur ses enfants. Le proverbe qui affirme qu'à l'origine de la réussite d'un homme, il y a toujours la force d'une femme, contient beaucoup de vérité. Partout où vous voyez des individus heureux et paisibles, des enfants dotés de nobles vertus et de bonnes dispositions, des hommes faisant preuve d'une force immense face à l'échec ou à l'adversité, des êtres qui possèdent une grande capacité de compréhension, de sympathie, d'amour et de compassion envers ceux qui souffrent et qui font don d'eux-mêmes aux autres, vous trouverez généralement une mère admirable qui les a inspirés, faisant d'eux ce qu'ils sont.

4 septembre – Le serviteur sincère

La paix, voilà ce dont nous avons tous besoin. Mais la majorité des gens désire commander. Personne ne veut servir. Comment la paix pourrait-elle régner ? La guerre et le conflit ne sont-ils pas inévitables ? Le véritable chef, c'est le serviteur sincère.

5 septembre – Atteindre la maturité

En vérité, la maturité, c'est la capacité de continuer à apprendre toute la vie. Elle ne vient pas avec l'âge, mais avec le désintéressement et une attitude d'acceptation entièrement libre d'idées préconçues.

6 septembre – « Puissent les nobles pensées, les nobles idéaux, nous venir de partout »

Toutes les grandes religions ont une beauté et une sagesse infinies à offrir au monde. Il nous appartient d'offrir aux gens partout dans le monde, et tout spécialement aux jeunes, la possibilité de découvrir non seulement leur propre religion, mais aussi celles des autres, et d'apprécier la noblesse de leurs idéaux. Au lieu d'essayer d'augmenter le nombre de leurs adeptes, les religions devraient s'efforcer de créer un environnement dans lequel il soit possible d'accepter avec sagesse les nobles idéaux de n'importe laquelle d'entre elles. Allons au-delà des conversions religieuses et travaillons à éliminer l'étroitesse d'esprit et la division. Un des mantras contenus dans les Textes sacrés de l'Inde déclare : « Puissent les nobles pensées, les nobles idéaux, nous venir de partout. » Que cela soit la devise des religions pour ce nouveau millénaire.

7 septembre – **Chercher le bien en toute chose**

L'abeille cherche le nectar partout où elle va. Rien d'autre ne l'attire. Mais une mouche préfère les excréments, même au milieu d'un jardin de roses. Aujourd'hui, notre mental ressemble encore à une mouche; cela doit changer. Il doit développer la faculté de chercher uniquement le bien en toute chose, comme l'abeille ne cherche que le nectar en tous lieux.

8 septembre – **Comme un bâton d'encens**

La spiritualité exige que vous deveniez comme un bâton d'encens qui offre son parfum aux autres tandis qu'il se consume.

9 septembre – **Les plus pauvres parmi les pauvres**

Il existe dans le monde actuel trois catégories de personnes. La première est constituée par les plus pauvres, ceux qui n'ont rien. Amma en connaît beaucoup. Ils n'ont même pas une tenue correcte à se mettre et viennent à l'ashram (centre spirituel) avec des vêtements qu'ils empruntent. Innombrables sont ceux qui se débattent, en proie à de grandes difficultés : ils n'ont pas les moyens de refaire leur toit de palmes ni d'acheter des médicaments pour se soigner, ni de payer la scolarité de leurs enfants. Ils ne savent pas eux-mêmes comment ils réussissent à survivre au jour le jour. Et puis il y a la deuxième catégorie, ceux qui ont un peu d'argent, ceux dont les besoins sont plus ou moins couverts. Ils éprouvent de la compassion pour ceux qui souffrent mais ils ne peuvent rien faire pour eux. La troisième catégorie est différente. Ils ont cent fois assez d'argent pour couvrir leurs besoins. Ils sont intelligents, dirigent des affaires et gagnent une fortune. Mais ils ne dépensent leur argent que pour accroître leur confort et leur bonheur personnels. Ils ne se soucient pas de ceux qui souffrent. On peut dire que ce sont vraiment eux les plus pauvres parmi les pauvres.

10 septembre – **Pure conscience**

Il est impossible d'attribuer des qualités aux véritables renonçants car ils se situent au-delà. Si vous affirmez qu'untel est très simple et humble, il y a quand même « quelqu'un » qui a le sentiment d'être simple et humble. Dans l'état de renonçant, ce quelqu'un, qui est l'ego, disparaît. Normalement, l'humilité est le contraire de l'orgueil, l'amour le contraire de la haine. Mais un réel renonçant n'est ni humble ni orgueilleux, il n'est ni amour ni haine. Celui qui est parvenu à cet état se situe au-delà de tout. Il n'a plus rien à gagner ni à perdre.

Quelqu'un demanda un jour à un grand sage : « Qui es-tu ?

– Je ne suis pas, répondit-il.

– Es-tu Dieu ?

– Non, je ne suis pas Dieu.

– Es-tu un saint ou un sage ?

– Non, je ne suis ni un saint ni un sage.

– Es-tu athée ?

– Non, je ne suis pas athée.

– Alors, qui es-tu ?

– Je suis ce que je suis. Je suis pure conscience. »

11 septembre – Tout remettre entre Ses mains

Si nous marchons sur une épine et qu'elle nous perce la plante des pieds, toutes les larmes que nous pourrons verser ne nous débarrasseront ni de l'épine ni de la douleur. C'est pourquoi, mes enfants chéris, abandonnez tout entre les mains de Dieu et soyez forts ! Soyez pleins de courage !

12 septembre – Être prêt à agir

Il est souvent plus rapide d'enseigner par des actes que par des paroles. Nous devons être prêts à agir, sans nous soucier de savoir si quelqu'un viendra ou non nous soutenir. Les gens ne manqueront pas alors de se joindre à nous et de nous aider. Si nous nous contentons de rester à l'écart, à blâmer et à critiquer autrui, nous ne faisons que polluer notre esprit. Mes enfants, il nous faut donc agir, et non discourir sans fin. Le changement n'est possible que grâce à l'action.

13 septembre – Nos larmes, marques d'union à Dieu

Un enfant harcèle sa mère jusqu'à ce qu'elle lui achète ce qu'il désire. Il la suit partout et n'arrête pas de pleurer jusqu'à ce qu'il tienne l'objet convoité. À nous de harceler ainsi la Mère Divine. Asseyons-nous et pleurons. Ne Lui laissons pas une minute de répit ! Appelons-La : « Montre-Toi ! Laisse-moi Te voir ! »

Lorsque la soif de Dieu s'éveille en nous, nous pleurons. Si vous n'y arrivez pas, provoquez les pleurs, même si cela exige un effort. Ces larmes ne sont pas des larmes de chagrin, elles sont une forme de béatitude intérieure. Elles couleront quand l'âme individuelle se fondra dans l'âme universelle. Nos larmes marquent un moment d'union avec le divin.

Ceux qui nous regardent pensent peut-être que nous sommes dans la peine. Pour nous, c'est la béatitude.

14 septembre – Ni naissance ni mort

Dans le monde de la spiritualité, il n'y a ni naissance ni mort. Le jour où la notion « je suis né » disparaît, nous sommes arrivés à la porte de Dieu.

15 septembre – Éliminer les ténèbres de notre époque

Les membres d'une même famille n'ont généralement pas des caractères et des capacités intellectuelles identiques. Il se peut que l'un parle et agisse sans discernement ou perturbe toute la maison par ses colères. Mais il se peut qu'un autre soit d'une nature calme et paisible, humble, doté d'un discernement aigu et d'une grande clarté de vision. Maintenant, si l'on se pose la question de savoir qui ou quelles qualités maintiennent l'intégrité et l'harmonie de cette famille, sans avoir à réfléchir longuement, on peut facilement répondre que ce sont les qualités du second – l'humilité, le discernement et la bonté. La colère et le manque de discernement de l'un sont compensés par le calme, l'humilité et la prudence de l'autre. Si les traits de caractère de celui qui est coléreux et confus avaient prévalu, la famille se serait désintégrée depuis bien longtemps. Ainsi, bien qu'une grande menace pèse aujourd'hui sur le monde, ce sont la patience, l'amour, la compassion, le sacrifice de soi et l'humilité des sages qui maintiennent l'harmonie et l'intégrité de l'univers. Qu'un membre au moins, au sein de chaque famille, adhère aux véritables principes de la religion et s'y consacre, et il sera possible d'éliminer totalement les ténèbres de notre époque.

16 septembre – Une expérience pleine d'amour

Peu importe la distance qui sépare un homme de sa bien-aimée, s'il contemple le mouchoir qu'elle lui a donné, il ressent une grande joie. Ce qui le rend heureux, ce n'est pas le tissu ni les broderies qui ornent le mouchoir, c'est le souvenir de sa bien-aimée. Ainsi, quelle que soit la forme sous laquelle nous imaginons Dieu, nous faisons en réalité l'expérience de la présence divine, pleine d'amour.

17 septembre – Une nature à bout de patience

Les inventions scientifiques sont extrêmement bénéfiques, mais elles ne doivent pas s'opposer à la Nature. Les meurtrissures constantes qui lui sont infligées par l'homme sont venues à bout de sa patience et elle a commencé à riposter. La fréquence des catastrophes naturelles augmente. La Nature a entamé sa danse de destruction finale. Les actions abusives perpétrées à son égard ont détruit son équilibre. Ces égarements sont la principale cause des souffrances actuelles subies par les êtres humains.

18 septembre – Faire un pas à la fois

Vous vous demandez peut-être : « À quoi cela sert-il qu'une personne lutte seule dans la société, dans un monde rempli de ténèbres ? » Chacun de nous a une bougie, la bougie de l'esprit. Allumez-la avec la flamme de la foi. Ne vous inquiétez pas de savoir comment vous pourrez parcourir une si longue distance avec une si petite lumière. Faites un pas à la fois. Vous découvrirez qu'il y a assez de lumière pour vous éclairer à chaque pas le long du chemin.

19 septembre – Le matériel est périssable

Les Textes sacrés racontent que Shiva a brûlé Kama, le dieu du désir, dans le feu jaillissant de son troisième œil. Nous considérons aujourd'hui les choses matérielles comme réelles, éternelles ; croyant qu'elles nous appartiennent, nous nous intéressons exclusivement à elles. Quand le troisième œil de la connaissance s'ouvre, nous comprenons que tout cela est périssable et que seul le Soi est éternel.

***20 septembre* – Savoir oublier**

Le succès d'une vie dépend de la capacité à oublier ce qui n'est pas approprié au moment présent.

***21 septembre* – Préserver notre force vitale**

Mes enfants, observer deux heures de silence chaque jour est très bénéfique. Notre progrès spirituel sera grandement favorisé si nous sommes également capables de garder le silence un jour par semaine. Lorsque nous observons le silence, nous ne perdons que peu d'énergie bien que nos pensées continuent de se dérouler dans notre mental. C'est à travers les paroles que nous perdons le plus de force vitale.

***22 septembre* – La vie comme une aventure**

Quand un enfant traverse les différentes étapes de sa croissance, essaie de se tourner, apprend à marcher à quatre pattes puis quand il se met à marcher debout, il ressemble à un soldat qui ne s'avoue jamais vaincu. Mais une fois adulte, à l'âge mur puis à celui de la retraite, il a la mentalité d'un homme d'affaires. Tout est pour lui un commerce, y compris ses relations familiales. Qui est responsable de cette situation ? Notre société, nos parents, nos aînés, notre système éducatif, notre imitation aveugle d'autrui. Tout cela engendre la peur, l'anxiété et la lâcheté.

L'humanité perd la force d'envisager la vie comme une aventure, un défi qu'il faut affronter avec courage. Le mental n'est plus capable de reconnaître l'existence des autres ni de prendre leurs sentiments en considération. Il y a sept milliards d'humains sur la planète mais presque personne ne pense aux autres. Il n'y a ni amitié, ni famille authentique, ni unité. Nous avons quitté le troupeau et chacun de nous se comporte comme un éléphant fou qui saccage tout sur son passage.

23 septembre – **Une rivière cristalline**

Si nous faisons une place à Dieu dans notre vie, elle sera sanctifiée, ainsi que celle de notre entourage. Nous trouverons alors la paix et le contentement. Songez à une rivière d'eau pure et abondante. C'est nous qui en profitons. Nous l'utilisons pour nettoyer nos égouts et nos canaux boueux. Une mare stagnante et putride devient limpide si on la relie à une rivière. Dieu est comme une rivière cristalline. En entretenant une relation avec Dieu, notre cœur s'ouvre, accueille le monde entier. Ainsi, nous nous rapprochons du Soi et aidons également les autres.

24 septembre – La glace du cœur

Il était une fois quatre hommes qui se rendaient par bateau à une conférence religieuse. Pris dans une tempête, ils furent contraints de se réfugier sur une île déserte. La nuit était d'un froid mordant. La température était tombée en dessous de zéro. Chacun des voyageurs transportait dans son sac des allumettes et un peu de bois de chauffage, mais pensait qu'il était le seul à en avoir.

Le premier se dit : « D'après le médaillon qu'il porte au cou, je pense que cet homme appartient à une autre religion. Si je fais du feu, il va lui aussi profiter de sa chaleur. Pourquoi devrais-je user ma précieuse réserve de bois pour lui ? »

Le deuxième pensa : « Cet homme vient d'un pays qui nous a toujours fait la guerre. Je ne peux imaginer utiliser mon bois pour son confort ! »

Le troisième en regarda un en pensant : « Je le connais. Il fait partie d'une secte qui n'a fait que créer des problèmes aux adeptes de ma religion. Je ne vais pas gaspiller mon bois pour lui ! »

Le dernier jugea : « Cet homme a une couleur de peau différente de la mienne et je déteste ça ! Il n'est pas question que j'utilise mon bois pour lui ! »

Au bout du compte, aucun d'eux ne voulut allumer son bois pour réchauffer les autres et ainsi, au petit matin, ils moururent tous les quatre de froid. La cause réelle de leur mort ne fut pas le froid extérieur, mais la glace de leur cœur. Nous sommes en train de devenir pareils à ces hommes. Au nom de la religion, de la nation, de la caste ou de la couleur de peau, nous nous querellons, sans manifester la moindre compassion envers notre prochain.

25 septembre – **Le handicap de la colère**

La cause profonde des guerres et de l'accroissement du terrorisme que nous constatons aujourd'hui dans le monde est la haine présente dans l'esprit de l'individu. Garder en soi de la haine pour son ennemi est comme avaler un poison et s'attendre à ce que son ennemi en meure. La haine détruit la paix de notre esprit.

Quand nous voyons une personne physiquement handicapée sur une chaise roulante, il est facile d'éprouver de la compassion. Une personne qui n'est pas capable de contrôler sa colère souffre d'un handicap comparable, mais qui n'est pas visible. De même que nous éprouvons de la compassion pour une personne handicapée physiquement, nous devrions ressentir de la compassion pour une personne qui a le handicap de la colère.

***26 septembre* – Égalité d'âme**

Comprenez la nature de la vie et agissez avec sagesse, sans vous effondrer quand des obstacles surgissent, sans être submergé par la joie quand les circonstances sont favorables.

***27 septembre* – Rayonner de force et de beauté**

Un arc-en-ciel n'apparaît dans le ciel que quelques minutes. Pourtant, pendant ce court laps de temps, il réjouit tous les cœurs. Tout comme l'apparition de l'arc-en-ciel, si fugitive dans l'infini du ciel, la durée de notre vie, courte et insignifiante, n'est qu'un bref instant au regard de l'éternité. Aussi longtemps que nous vivons dans ce monde, notre devoir primordial et essentiel est d'être utile aux autres. Seul l'éveil de la bonté en nous permet à notre personnalité et à nos actes de rayonner de force et de beauté.

***28 septembre* – Toutes les situations sont favorables**

Il ne vous est pas difficile de penser à vos parents, à votre famille, à vos amis ou à vos plats préférés. Vous pouvez les voir mentalement dès que vous y pensez et garder leur image à l'esprit tant que vous le souhaitez. C'est possible parce qu'ils vous sont familiers depuis longtemps. Il n'est pas nécessaire d'entraîner l'esprit à penser aux objets de ce monde, parce qu'il y est habitué. Il vous faut développer le même genre de lien avec Dieu. Tel est le but de la prière, de la méditation et des enseignements. Cela exige toutefois un effort constant ; c'est ainsi que la forme de votre divinité d'élection et la prière qui lui est associée apparaîtront dans l'esprit aussi naturellement que les pensées liées aux objets du monde.

Mes enfants, ne vous découragez pas si, au début, vous ne parvenez pas réellement à vous concentrer. Si vos efforts sont constants, vous réussirez. « Dieu seul est éternel. Si je ne parviens pas à le connaître dans cette vie, elle aura été vaine. Je dois obtenir Sa vision aussi vite que possible. », telle devrait être toujours votre attitude. Pour celui qui garde le but toujours présent à l'esprit, il n'existe pas d'obstacle ; pour lui toutes les situations sont favorables.

29 septembre – **Vigilance extrême**

Il nous faut faire preuve d'une vigilance extrême lorsque nous accomplissons la moindre action, lorsque nous prononçons la moindre parole, lorsque nous lançons le moindre regard et même à la moindre pensée. Chacune de nos pensées, de nos paroles et de nos actions a des conséquences. Chacun de nos actes, bon ou mauvais, a un effet sur les autres.

30 septembre – L'unité harmonieuse du monde

L'univers est un, non multiple. Ce n'est pas Dieu, mais l'homme, qui a fragmenté le monde. L'être humain, par ses pensées et ses actions, engendre le tumulte et la désintégration au sein de l'unité harmonieuse et naturelle du monde. Chaque atome est une brique dans l'édifice de l'univers, et est intrinsèquement lié à tous les autres. La planète où nous vivons n'est pas une entité isolée qui fonctionnerait séparément du reste de l'univers. Chaque élément fait partie de l'ensemble. Lorsqu'un acte louable et noble se produit quelque part dans le monde, ses vibrations s'impriment dans la Conscience universelle, qui est une. Et s'il s'agit d'un acte mauvais, ses vibrations négatives s'y reflètent également.

OCTOBRE

1er octobre – « Venez dans mes bras »

Il y avait dans un village une belle statue représentant un maître célèbre qui ouvrait grands les bras. Sur la plaque étaient inscrits ces mots : « Venez dans mes bras ! » Un jour, une terrible émeute éclata dans le village, semant partout la destruction, et la statue fut endommagée – elle eut les bras cassés. Les villageois l'aimaient beaucoup et en furent bouleversés. Ils se réunirent et décidèrent de lui façonner de nouveaux bras. Mais un vieil homme se leva parmi eux et dit : « Non, ne vous fatiguez pas à lui refaire les bras. Qu'elle reste sans bras. »

Les villageois s'étonnèrent : « Et la plaque en dessous ? Il est écrit : "Venez dans mes bras !" » « Pas de problème », répliqua le vieil homme, « juste en dessous de ces mots, ajoutez : "Mais je n'ai d'autres bras que les vôtres !" »

« Venez dans mes bras, *mais je n'ai d'autres bras que les vôtres* » – c'est ce que Dieu nous dit constamment.

2 octobre – **L'esprit des religions**

De nombreuses pratiques religieuses répondent aux besoins de l'époque qui les a vues naître. En étant attentifs aux problèmes de l'époque moderne, soyons prêts à réexaminer ces pratiques et à opérer des changements en accord avec les temps que nous vivons. Aucun chef religieux, aucun saint n'a jamais dit qu'il ne fallait offrir l'amour et la tolérance qu'aux fidèles de sa propre religion. Ce sont des valeurs universelles. Le monde n'a pas besoin aujourd'hui de propagande religieuse ; il s'agit en revanche d'aider les gens à assimiler l'esprit de leur religion.

3 octobre – **Pourquoi ne pas nous attacher à Dieu ?**

Puisque nous nous attachons si facilement à n'importe quel objet en ce monde, pourquoi ne pas nous attacher à Dieu ? Notre langue sait fort bien parler de n'importe quoi ; pourquoi ne pas lui enseigner à répéter notre prière ? Si nous y parvenons, nous trouverons la paix et ceux qui nous entourent aussi.

4 octobre – **Des fondations solides**

Si la puissance des forces destructrices au sein de la société augmente à chaque génération, c'est le résultat de l'incapacité des parents à élever correctement leurs enfants. Si nous souhaitons que cela change, il nous faut acquérir une compréhension de base des principes spirituels. Lorsque nous nous lancerons dans la vie de famille, notre connaissance de ces principes nous aidera à orienter chaque pas dans la bonne direction.

Si nous construisons notre maison sur de la boue, sans bâtir tout d'abord des fondations solides, un vent léger pourrait bien suffire à la renverser. De même, si nous fondons notre vie de famille uniquement sur le matérialisme, les relations au sein de la famille peuvent casser face au moindre petit problème. Mais si notre vie de famille repose sur les fondations solides de la spiritualité, nous serons capables d'affronter n'importe quelle tempête. Les parents ne devraient pas manquer d'expliquer à leurs enfants les principes de la spiritualité et de jouer pour eux le rôle de modèles.

5 octobre – **Inclinons-nous**

Cessons d'être orgueilleux et de croire que seuls nos efforts rendront notre vie fructueuse. Inclinons-nous. C'est la condition requise pour que la grâce s'écoule en nous.

6 octobre – **Conscience et attention**

Ne pensons jamais que nous travaillons pour un patron ou pour une entreprise. Nous devrions accomplir notre devoir avec l'attitude du service au Divin, alors notre travail ne sera plus simplement une façon de pointer un certain nombre d'heures en vue de gagner un salaire. Nous serons sincères et attentifs dans notre travail. Les qualités premières que devrait posséder un aspirant spirituel sont une conscience et une attention parfaites tournées vers la tâche à accomplir.

7 octobre – **La main du maître spirituel**

Tout possède ses codes, ses règles et sa nature intrinsèque qui doivent être respectés. Les maîtres ont établi des règles et des méthodes pour chaque type de pratique spirituelle. Prenant en compte les dispositions physiques et mentales du chercheur, il faut adopter des pratiques spirituelles appropriées à chacun. La même méthode ne convient pas à tous.

N'importe qui peut étudier la théorie dans les livres. Mais pour la mettre en œuvre, l'aide d'un instructeur qualifié est nécessaire, car il est difficile de maîtriser seul le côté pratique d'un sujet. Ainsi, le chercheur a besoin d'un maître compétent, capable de le guider sur la voie spirituelle.

8 octobre – **La grâce**

Plus vous vous donnez, plus vous demeurez ouvert. Plus vous êtes ouvert, plus vous ressentez l'amour. Plus vous avez d'amour, plus vous recevez de grâce.

La grâce, c'est le fait d'être ouvert. C'est la force spirituelle et la vision intuitive dont vous pouvez faire l'expérience au moment d'agir. Face à une situation donnée, rester ouvert, c'est lâcher l'ego et les idées étriquées. Cela transforme votre mental et en fait un meilleur canal de l'énergie divine qui coule alors à travers lui. Ce flot d'énergie, le fait qu'elle s'exprime au travers de vos actions, c'est cela la grâce.

9 octobre – **Préserver notre force spirituelle**

Mes enfants, votre mental est lié par tant de choses variées. La vie spirituelle exige discipline et contrôle de soi. Si vous prenez trente grammes d'huile et que vous les répartissez dans cent récipients, il ne restera dans chacun d'eux qu'une mince pellicule adhérant à la paroi.

Vous accomplissez vos pratiques spirituelles, mais ensuite vous vous préoccupez d'une foule de choses différentes. La puissance que vous avez gagnée par votre concentration, vous la perdez en vous dispersant. Si seulement vous pouviez voir l'unité dans la diversité, vous ne dissiperiez pas tant d'énergie. Si vous parveniez à percevoir chaque chose comme l'essence de Dieu, vous ne dilapideriez pas votre force spirituelle.

10 octobre – **Trouver la joie**

Les héros sont ceux qui trouvent la joie à l'intérieur d'eux-mêmes.

11 octobre – **Éveiller le sentiment maternel**

L'essence du sentiment maternel n'est pas l'apanage des femmes qui ont enfanté. C'est une attitude de l'esprit. C'est l'amour et cet amour est le souffle même de la vie. Personne ne dirait : « Je ne respirerai qu'auprès de ma famille et de mes amis ; je ne respirerai pas en présence de mes ennemis. » Ainsi, pour ceux en qui le sentiment maternel est éveillé, l'amour et la compassion envers tous sont aussi naturels que le fait de respirer. Les temps qui viennent devraient être consacrés à l'éveil de ce sentiment.

12 octobre – **Se libérer des dépendances**

Le mental à lui seul est la cause tout à la fois de l'esclavage de l'homme et de sa libération. La spiritualité est ce qui affranchit le mental des pensées et des émotions, et le libère de la dépendance des objets extérieurs. Elle l'aide à atteindre l'état de liberté éternelle, d'indépendance. Le sentiment du « moi » et du « mien » nous rend dépendant. La pratique des principes spirituels est le chemin qui mène à la libération.

13 octobre – Rien n'est insignifiant

En Inde, nous possédons une tradition fort ancienne de respect et de vénération de la nature et de tous les êtres vivants. Nos ancêtres bâtissaient des temples pour les arbres, les oiseaux et même pour les serpents venimeux. Ils vénéraient ces créatures. Une abeille paraît minuscule mais, sans elle, il n'y aurait plus de pollinisation et des espèces entières disparaîtraient. Si le moteur d'un avion tombe en panne, l'avion ne peut pas décoller. En réalité, l'absence d'une seule vis, d'importance cruciale, peut avoir le même effet. Pouvons-nous jeter la vis en disant que contrairement au moteur c'est un petit objet sans importance ? En vérité, elle a sa fonction et son importance. Rien n'est insignifiant.

14 octobre – Prendre conscience du véritable Soi

Que nous en ayons conscience ou non, le véritable but de la vie est de connaître le divin qui est en nous. Dans votre état de conscience actuel, vous ignorez peut-être encore bien des choses. Il serait puéril d'affirmer qu'elles n'existent pas sous prétexte que vous n'en avez pas conscience. Au fur et à mesure que les situations et les expériences se présentent, ce sont des phases nouvelles et inconnues de la vie qui se révèlent et vous rapprochent peu à peu de votre véritable Soi. Ce n'est qu'une question de temps. Chez certains, cette prise de conscience s'est déjà produite, chez d'autres, elle peut avoir lieu à tout moment, chez d'autres encore, elle surviendra plus tard. Ne croyez pas que cela n'arrivera jamais simplement parce que vous n'avez pas encore eu cette réalisation ou que vous ne l'aurez peut-être pas dans cette vie.

Une connaissance immense est présente à l'intérieur de vous, attendant que vous lui permettiez de se révéler. Mais cela n'adviendra pas sans votre permission.

15 octobre – Vénérer la nature

Il n'était pas nécessaire autrefois de prendre des mesures spéciales pour préserver la nature parce que cela faisait partie de l'adoration de Dieu, cela faisait partie de la vie. Plutôt que de penser à « Dieu », les gens de jadis aimaient et servaient la nature ainsi que l'ensemble de la société. Ils voyaient le Créateur dans la création. Ils aimaient, vénéraient et protégeaient la nature en la considérant comme la forme visible de Dieu. Efforçons-nous de retrouver cette attitude. La plus grande menace pour l'humanité aujourd'hui n'est pas celle d'une guerre mondiale, mais la faille qui s'agrandit entre la nature et les êtres humains.

16 octobre – Accepter de se faire aider

Pour recevoir de l'aide, acceptez tout d'abord le fait d'être un patient, puis soyez patient.

17 octobre – Suivre les Textes sacrés

Si vous vous blessez, vous ne vous contentez pas de rester assis et de pleurer ; vous désinfectez la plaie, puis la recouvrez d'un pansement pour éviter qu'elle ne s'infecte et ne vous affaiblisse. Celui qui comprend l'essence de la vie spirituelle ne se laisse pas ébranler par les événements de la vie. Le moyen d'éviter la souffrance consiste à fixer le mental sur le Soi.

Il est certes difficile de maîtriser le mental et cela n'est pas possible en un instant. Il est difficile aussi de traverser l'océan, mais ceux qui font l'effort nécessaire et apprennent la méthode à employer y parviennent.

Les sages nous ont enseigné la manière de traverser l'océan de l'existence. Les Textes sacrés sont les instructions qu'ils nous ont données. Il nous suffit de les suivre.

18 octobre – La prière, un pas puissant vers Dieu

Existe-t-il une religion qui ne fasse pas de place à la dévotion et à la prière ? On trouve les deux dans le bouddhisme, le christianisme ou l'islam. La relation entre maître et disciple existe aussi dans toutes ces religions.

Grâce à nos prières, nous essayons de développer des vertus divines, de réaliser l'Absolu. La prière n'est pas la voie de la faiblesse ; c'est un pas puissant vers Dieu.

19 octobre – **Pas plus que le nécessaire**

Amma ne dit pas que la richesse et les objets du monde sont inutiles. Ayez suffisamment pour satisfaire vos besoins, mais pas plus. Soyez conscient de ce qui est éternel, de ce qui apporte la paix et tendez vers cela. Le ciel et l'enfer existent ici-bas. C'est le mental qui crée le ciel ou l'enfer. C'est donc le mental qu'il faut contrôler. Alors nous n'aurons plus à souffrir. Il n'y aura que béatitude, béatitude et béatitude.

20 octobre – **« Je suis amour »**

Mes enfants, l'attachement que nous éprouvons pour nos proches constitue en réalité une servitude dont nous n'avons pas conscience. Il ne s'agit pas de renoncer à toutes nos relations, mais quand nous nous attachons à un objet ou à une personne, il faut bien être conscient de la place que nous lui accordons dans notre vie. L'amour réel ne peut grandir que si la relation repose sur une compréhension mutuelle.

Que nous soyons attaché à un objet ou à une personne, cet attachement ne devrait pas grandir ou s'affaiblir selon les circonstances. Les gens affirment : « je t'aime » mais ces mots-là ne sont pas justes. « Je suis amour, je suis l'incarnation de l'amour », c'est cela, la vérité. Quand nous déclarons : « je t'aime », il y a un « moi » et un « toi ». Et l'amour se retrouve écrasé entre les deux. Ce que nous répandons autour de nous, ce devrait être de l'amour, rien que de l'amour. L'amour ne devrait pas fluctuer selon les circonstances.

21 octobre – **Découvrir notre talent spécifique**

Dans la création de Dieu, il n'existe pas deux brins d'herbe ni deux pétales de fleur identiques. Que dire alors des êtres humains ? Dieu a envoyé chacun de nous sur terre avec un talent spécifique et caché. Chacune de nos vies a un but qu'il nous appartient d'accomplir. Découvrir ce potentiel latent en nous est le but de la vie. C'est ainsi qu'elle prend tout son sens et devient une joyeuse communion.

22 octobre – **Au-delà de l'intellect**

Nous pouvons nier Dieu, mais l'intellect ne peut ni prouver ni réfuter Dieu. Si l'intellect était capable de prouver l'existence de Dieu cela signifierait simplement qu'il est plus grand que Dieu. Si Dieu pouvait être appréhendé par l'intellect, nous n'aurions besoin ni de Dieu ni de la religion. La science et l'intellect suffiraient. Un Dieu contrôlé par l'intellect ne présente aucun intérêt. Ce dont nous avons besoin, c'est de la foi en un pouvoir suprême, grand maître de l'univers, au-delà du mental et des sens. Nous devons rechercher la source même de ce pouvoir, qui se trouve en nous. Seules la foi en cette énergie cosmique et la méditation vouée à sa découverte nous mèneront à la connaissance, à l'unité, à la paix et à l'harmonie.

23 octobre – **Se transformer pour renaître**

Une femme gagna le premier prix d'un concours artistique et reçut un magnifique chandelier de cristal qu'elle accrocha dans son salon. Appréciant sa beauté, elle découvrit que la peinture des murs s'écaillait en certains endroits et décida de repeindre la pièce. Ce travail terminé, elle examina le salon et remarqua le rideau sale. Aussitôt, elle lava tous les rideaux. Elle nota alors que le vieux tapis était usé jusqu'à la trame, l'enleva, et le remplaça par un tapis neuf. Le résultat, c'est que la pièce entière fut rénovée. Tout commença par un lustre neuf mais c'est ensuite le salon entier qui fut transformé et devint propre et beau. Ainsi, si vous commencez à faire une seule bonne chose régulièrement, beaucoup d'autres s'ensuivront ; ce sera comme une renaissance. C'est la seule manière possible de se transformer.

24 octobre – Comprendre les rites

Un homme faisait quotidiennement une *puja* (un rituel sacré) dans le temple familial. Un jour, alors que tout était prêt et qu'il venait de commencer l'adoration, son chat entra dans la pièce et but le lait destiné à l'offrande. Le lendemain, quand il prépara la cérémonie, il mit le chat dans un panier. Il ne le libéra qu'une fois la *puja* terminée. Chaque jour, avant de commencer, il ne manquait pas d'enfermer le chat dans un panier. Les années passèrent. À sa disparition, son fils reprit la tradition de la *puja* familiale et perpétua aussi le rite qui consistait à mettre le chat dans un panier. Un jour, alors que tout était prêt, il chercha en vain le chat et découvrit qu'il était mort. Alors, sans perdre une minute, il alla chercher le chat des voisins et l'enferma dans le panier. Puis il commença le rituel !

Le fils n'avait jamais demandé pourquoi on enfermait le chat. Il s'était contenté de copier les actes de son père sans chercher à en comprendre le motif. C'est ainsi que la plupart des gens observent aujourd'hui les rituels. Ils ne s'efforcent jamais d'apprendre les principes sur lesquels ces rites se fondent, ils ne font qu'imiter ce qu'ils ont vu faire.

Quelle que soit notre religion, efforçons-nous de comprendre le sens des différents rites. C'est ce qui est nécessaire aujourd'hui. Si nous agissons ainsi, les rites dépourvus de sens ne survivront pas.

25 octobre – **Ouvrir les yeux**

Dans le monde actuel, on n'accepte plus d'aller à l'Essentiel sous prétexte que « ce n'est pas facile à réaliser ». C'est l'une des caractéristiques de l'âge des ténèbres matérialistes. Il est facile de réveiller quelqu'un qui dort, mais difficile de réveiller celui qui fait semblant de dormir. À quoi sert de tenir un miroir devant un aveugle ? À notre époque, les gens préfèrent garder les yeux fermés devant la Vérité.

26 octobre – **La nécessité des pratiques spirituelles**

Si nous voulons atteindre le but, notre devoir est de suivre la voie indiquée par les Textes sacrés, de respecter la discipline et les pratiques spirituelles requises. Il faut en outre développer l'humilité nécessaire pour se prosterner devant toute chose. Actuellement, c'est l'ego qui domine. Quand le grain de riz devient une plante, celle-ci se prosterne naturellement. Quand le bouquet de noix de coco est mûr, la branche du cocotier ploie et s'incline naturellement. Ces exemples nous enseignent que quand nous atteignons la sagesse parfaite, nous devenons naturellement humbles.

On peut comparer l'étude des Écritures à la construction d'un mur autour d'un verger, tandis que les pratiques spirituelles représentent la culture des arbres fruitiers dans le clos. Le mur protège les arbres ; mais pour obtenir des fruits, il faut planter les arbres et les cultiver. Les pratiques spirituelles sont absolument nécessaires.

27 octobre – Le bonheur ne dépend pas du monde matériel

Amma ne critique absolument pas les découvertes scientifiques et elle ne cherche pas non plus à les rabaisser, mais elles ne devraient pas assécher en nous la source d'amour. Nous avons amélioré le monde extérieur, mais le monde intérieur dépérit. Les gens d'autrefois recevaient l'entraînement nécessaire pour garder la maîtrise de leur mental en toutes circonstances. Ainsi, ils n'étaient pas contraints d'affronter la vie affaiblis par des choses insignifiantes. Quoi que vous ayez pu apprendre, si vous tombez dans une eau profonde sans savoir nager, vous ne survivrez pas. De même, vous aurez beau jouir de tout le confort matériel possible, si vous n'avez pas entraîné votre mental, il vous sera impossible de goûter la paix intérieure. À l'avenir, les êtres humains deviendront très faibles s'ils ne parviennent pas à trouver le repos en eux-mêmes, car il y aura de moins en moins d'êtres capables de les aimer de manière désintéressée. Les êtres courageux sont ceux qui trouvent la paix à l'intérieur d'eux-mêmes en toutes circonstances, non ceux dont le bonheur dépend d'autres personnes ou d'objets matériels.

28 octobre – Seul compte le moment présent

Ruminer le passé revient à étreindre un cadavre ! Les morts ne reviendront jamais, le passé non plus. Il est tout aussi vain de s'inquiéter de ce qui pourrait éventuellement se produire dans l'avenir car cela aussi n'est qu'un rêve qui se réalisera ou pas. Seul le moment présent est utile.

29 octobre – Et nous pardonnerons

Imaginez que par accident, vous vous mettiez le doigt dans l'œil. Vous n'allez pas frapper le doigt qui a provoqué la douleur. Il n'est pas question de le punir. Vous pardonnez à votre doigt. Si vous vous faites mal au pied en trébuchant malencontreusement sur un objet, ou si vous vous faites une coupure au doigt, vous le supportez. Si vous montrez tant de patience envers vos yeux, vos mains et vos pieds, c'est qu'ils font partie de votre corps et que vous en êtes conscient. Même si parfois ils vous font mal, vous le tolérez. Nous devrions de même considérer que les autres font partie de nous-même, comprendre que nous sommes la cause de tout, que nous sommes tout, que personne n'est séparé de nous. Alors nous ne regarderons pas les défauts d'autrui et même si nous les voyons, nous traiterons ces erreurs comme les nôtres et nous pardonnerons.

***30 octobre* – Savourer la douceur**

On a beau manger quantité de sucre, il est impossible d'expliquer exactement la douceur du sucre à ceux qui ne l'ont jamais goûtée. Pas plus que les mots ne peuvent décrire le ciel infini. La spiritualité est une expérience au-delà des mots. On ne peut en savourer la douceur sans transcender l'intellect pour arriver au cœur.

***31 octobre* – Oui à tout**

Quand vous verrez vraiment la vie et tout ce qu'elle vous apporte comme précieux cadeaux, vous pourrez dire oui à tout.

NOVEMBRE

1er novembre – Le mirage de l'image

Il était une fois un disciple qui n'aimait pas faire l'aumône. Son maître spirituel, le sachant fort bien, alla chez lui déguisé en mendiant et arriva au moment où le disciple offrait du lait et des fruits devant son portrait ; il mendia un peu de nourriture, mais le disciple le chassa en criant : « Il n'y a rien pour toi ici ! » Alors le maître ôta son déguisement. Le disciple, atterré, se prosterna à ses pieds.

Nous sommes tous comme ce disciple. Nous n'aimons que la forme extérieure et non pas l'essence qui est à l'intérieur. Nous présentons des offrandes à une image mais nous ne donnons pas un centime à un mendiant !

2 novembre – Cendres et poussières

Dans les lieux de crémation, les désirs matériels et le corps, l'instrument utilisé pour les satisfaire, sont réduits en cendres. Et là, dans ce lieu où les désirs et la conscience du corps n'existent plus, le Seigneur Shiva danse en extase.

Voilà pourquoi on dit qu'Il réside dans les lieux de crémation. Cela ne signifie pas qu'on ne peut connaître la béatitude qu'après la mort. Tout est en nous. Nous ne faisons qu'un avec l'univers. L'un et l'autre sont plénitude. Quand l'attachement au corps meurt dans le feu de la conscience du Soi, nous débordons naturellement de béatitude.

Le corps de Shiva est orné de la cendre des bûchers funéraires. Cette décoration symbolise la victoire sur tous les désirs. De plus, l'esprit prend ainsi conscience de la nature périssable du corps. Cela nous rappelle que le corps périra bientôt et qu'il s'agit donc de faire de bonnes actions au plus vite avant que la mort ne survienne.

Le détachement, c'est de ne pas accorder une importance indue à la réputation ou à la situation sociale, au confort, à la famille ou aux amis. En l'absence d'un détachement réel, notre bonheur dépend des dires d'autrui ! Nous ne sommes plus alors qu'une marionnette manipulée par les autres.

Le détachement, c'est ce qui nous donne la vraie liberté. Rien au monde alors ne peut voiler la béatitude qui est en nous. Shiva nous enseigne ce principe, Lui dont le corps est enduit de cendres et qui demeure dans les lieux de crémation. Et c'est pourquoi Il est considéré comme le premier parmi les grands maîtres.

3 novembre – Vivre dans la lumière

Tourner le dos aux autres en proclamant qu'il n'y a que le mal partout, c'est de la paresse. Si au lieu de parler du mal que nous voyons chez autrui, nous faisions tout ce que nous pouvons pour éveiller la bonté qui est en nous, nous pourrions apporter de la lumière aux autres. C'est le moyen le plus facile de nous améliorer, ainsi que l'ensemble de la société.

Au lieu de critiquer les ténèbres qui vous entourent, allumez votre propre petite chandelle. Ne soyez pas découragé à l'idée de dissiper les ténèbres du monde avec la petite lumière qui est en vous. Si vous allumez simplement votre chandelle et avancez, elle vous éclairera à chaque pas et ceux qui vous entourent en profiteront également.

4 novembre – Briser nos résistances

Tant que nous avons un ego, nous ne pouvons pas être désintéressés. Le maître spirituel fait passer le disciple par les situations nécessaires pour détruire l'ego. Le disciple apprend à s'en libérer, comme une pierre qui se laisse ciseler par le sculpteur. Étant proche du maître et recevant ses conseils, il développe de la patience sans même en avoir conscience. Le maître le fait passer par des situations qui mettent sa patience à l'épreuve et feront peut-être monter sa colère. On donne par exemple au disciple un travail qu'il n'aime pas. Cela le met en colère et il désobéit. Le maître l'encourage alors à réfléchir pour qu'il trouve en lui-même la force pour transcender les situations difficiles. Le maître utilise ainsi des situations variées pour éliminer les faiblesses du disciple et le rendre fort, ce qui lui permet de transcender l'ego. C'est dans ce but que nous prenons refuge en un maître.

Pour qu'une conque puisse résonner quand on souffle dedans, elle doit être vidée de sa chair. Ainsi, quand nous sommes libres de l'ego, nous pouvons atteindre notre but spirituel. Quand l'abandon de soi est total, le sentiment du « moi » n'existe plus, alors il n'y a plus que Dieu.

5 novembre – Savoir choisir son chemin

Le bonheur et la tristesse dépendent non pas des objets extérieurs, mais de notre mental. Le paradis et l'enfer sont ici, sur cette terre. Si nous comprenons le rôle et l'utilité de chaque objet matériel dans notre vie et vivons en accord avec cette compréhension, la cause de notre souffrance disparaîtra. La connaissance qui nous enseigne comment vivre sur cette terre, comment vivre une vie heureuse en dépit des obstacles, est une connaissance spirituelle, la connaissance de notre mental. C'est ce que nous devons acquérir en premier. Sachant distinguer le bon du mauvais côté de toutes les choses de la vie, nous aurons à choisir le chemin qui nous conduit vers la joie éternelle.

6 novembre – Ce qui demeure éternellement

Rien de ce qui périt n'est réel. Toutes les formes, même celles des dieux et des déesses, ont un commencement et une fin. Tout ce qui naît et meurt est mental, associé au processus de la pensée. Et tout ce qui est lié au mental change forcément, parce que son existence se situe dans le temps. La seule vérité immuable est ce qui demeure éternellement, le substrat du mental et de l'intellect. C'est le Soi, l'état ultime de l'existence.

7 novembre – La Conscience universelle omniprésente

Inutile de partir en quête d'un Dieu trônant quelque part dans les cieux. Dieu est la Conscience universelle omniprésente. Nous conseillons pourtant aux gens de méditer sur une forme parce qu'il faut un support pour concentrer le mental. Pour fabriquer une dalle de béton, il faut d'abord construire un cadre en bois, et c'est dans ce cadre que l'on coule le béton. Une fois que le béton a pris, nous enlevons le cadre. On peut comparer cela à la vénération de la forme divine. La forme est nécessaire au début, tant que les principes ne sont pas totalement assimilés. Une fois que le mental est fermement établi dans le Soi universel, ces outils ne sont plus nécessaires.

8 novembre – **Refléter nos émotions**

L'illumination n'est pas un état dans lequel on perd tout sentiment pour devenir une pierre. C'est un état d'esprit dans lequel on peut se retirer et rester absorbé à son gré, une prise de conscience spirituelle. Une fois que nous sommes reliés à la source infinie d'énergie, notre aptitude à ressentir, à manifester un sentiment acquiert une beauté et une profondeur spéciales, qui ne sont pas de ce monde. Si un être réalisé le désire, il peut choisir d'exprimer les émotions avec autant d'intensité qu'il le souhaite.

Sri Rama pleura quand le démon-roi Ravana enleva sa divine compagne Sita. Comme l'aurait fait un mortel ordinaire, il se lamentait et demandait à chaque créature de la forêt : « As-tu vu ma bien-aimée Sita ? Où est-elle partie en me laissant seul ? »

Les yeux de Krishna se remplirent de larmes quand il revit son cher ami Sudama après une longue séparation.

On trouve des épisodes similaires dans la vie du Christ et dans celle de Bouddha. Illimités comme l'espace infini lui-même, ces grands maîtres étaient libres de refléter toute émotion de leur choix. Il ne s'agissait pas d'une réaction, mais d'un reflet.

Comme un miroir, les sages répondent aux situations avec une spontanéité parfaite. Manger quand on a faim est une réponse à la situation. Manger chaque fois que l'on voit de la nourriture est une réaction. C'est aussi une maladie. Le sage, lui, répond à la situation sans en être affecté, puis passe à autre chose l'instant suivant.

Le fait de ressentir et d'exprimer des émotions, de les manifester avec sincérité, ne fait qu'ajouter à la splendeur et à la gloire d'un être réalisé. C'est une erreur de considérer cela comme une faiblesse ; mieux vaut le voir comme une expression bien plus humaine de leur compassion et de leur amour.

9 novembre – Aimer jusqu'à ne plus faire qu'un

L'amour vrai n'a rien à voir avec le désir sensuel ni l'égocentrisme. Dans l'amour réel, vous n'êtes pas important ; c'est l'autre qui est important. Dans l'amour, l'autre n'est pas l'instrument qui vous permet de satisfaire vos désirs égoïstes ; vous êtes un instrument du divin dont l'intention est de faire le bien en ce monde. L'amour ne sacrifie pas autrui ; il donne joyeusement de lui-même. L'amour est désintéressé. Dans l'amour vrai, vous n'avez pas le sentiment d'être sans valeur ; au contraire, vous grandissez jusqu'à ne plus faire qu'un avec tout ce qui est, englobant tout, éternellement plongé dans la béatitude.

10 novembre – **L'essentiel**

Le service désintéressé, le renoncement, l'abandon de soi et la compassion, tout cela est essentiel.

11 novembre – **La patience, vertu sanctifiante**

Il y a une sculpture latente dans chaque pierre. Quand le sculpteur cisèle la pierre, enlevant tout ce dont il n'a pas besoin, l'image apparaît. Cette forme si belle naît parce que la pierre s'offre à l'artiste, immobile et patiente, pendant longtemps.

Une pierre gisant au pied de la colline de Sabarimala (important lieu de pèlerinage en Inde) se plaignit à la statue du Seigneur : « Tu es une pierre comme moi et pourtant tout le monde te vénère, alors qu'on me marche dessus. Où est la justice dans tout cela ? » La statue répondit : « Tu vois maintenant que tout le monde me rend hommage et rien d'autre. Mais avant que j'arrive ici, un sculpteur m'a travaillée au ciseau des centaines de milliers de fois. Pendant tout ce temps, je suis restée patiemment devant lui, sans offrir la moindre résistance. En conséquence, je suis maintenant ici, où des millions de personnes me vénèrent. » La patience de la pierre avait fait d'elle une statue vénérée.

12 novembre – L'Un dans le multiple

Plus le mental s'ouvre, devient subtil et vaste, plus il devient « non-mental ». Peu à peu, il disparaît. Quand il n'y a plus de mental, où est Dieu, où est le monde, où est la création ? Toutefois, cela ne signifie pas que le monde disparaîtra de votre vue ; il se produira une transformation et vous verrez l'Un dans le multiple.

13 novembre – L'amour, ultime religion

En vérité, l'amour est la seule religion qui puisse aider l'humanité à s'élever vers des hauteurs sublimes et glorieuses. L'amour doit être le fil conducteur de toutes les religions et de toutes les philosophies. La beauté d'une société repose sur l'unité des cœurs.

14 novembre – Abandonner nos fardeaux

Mes enfants, le fardeau de nos soucis est peut-être lourd : notre fils n'a pas trouvé d'emploi, notre fille n'est pas mariée, nous n'avons pas construit la maison de nos rêves, nous ne réussissons pas à guérir de notre maladie, la discorde règne dans notre famille, notre affaire encourt des pertes financières, etc. Nous nous consumons en songeant à tous nos ennuis. La tension qui règne dans le mental est la cause de toutes les maladies.

La seule façon de s'en libérer, c'est de s'abandonner à Dieu. À quoi bon endurer le stress et la souffrance ? Faisons de notre mieux en utilisant la force et les capacités que Dieu nous a données. Puis, laissons les choses se dérouler selon la volonté de Dieu. Abandonnons tout à l'Être suprême. Il n'y a pas d'autre issue que de prendre totalement refuge en Dieu. À quoi sert de se ronger en pensant au futur ou au passé ? Nous ne disposons que de l'instant présent. Soyons attentifs à ne pas le gâcher en nous affligeant.

15 novembre – **Pas de leçons, des exemples**

Les adultes devraient dialoguer avec les jeunes. N'essayons pas de leur montrer nos connaissances et notre érudition. Il s'agit de nous identifier à eux, de comprendre leur cœur et d'entamer la discussion avec eux. Écoutons leurs questions et leurs critiques avec patience et amour. Abordons-les avec compassion. Seule une telle approche créera en eux un changement réel. Et, par-dessus tout, donnons-leur des exemples qui les inspireront.

16 novembre – Méditons !

La méditation accroît notre vitalité et affermit notre intelligence. Notre beauté augmente, notre mental s'affine, et notre santé s'améliore. Nous y gagnons la force mentale et la patience nécessaires pour affronter les problèmes de la vie. Méditons ! C'est par la méditation que nous pouvons trouver le trésor que nous recherchons.

17 novembre – Il n'y a que l'amour

Le lien d'Amma avec la nature n'est pas une relation ; c'est une unité absolue. Qui aime Dieu aime aussi la nature, parce que les deux ne font qu'un. Une fois que l'on a atteint l'illumination, on est relié à tout l'univers. Dans la relation d'Amma avec la nature, il n'y a pas « l'amant et l'aimée », seulement l'amour. Il n'y a pas « deux » mais seulement un ; il n'y a que l'amour.

18 novembre – Ni « moi » ni « mien »

Voir Dieu en toute chose, percevoir tout comme l'Un unique, savoir que tous les êtres sont notre propre Soi – c'est réaliser le Soi. Lorsque toutes les pensées se sont évanouies et qu'il n'y a plus de désirs, quand le mental est parfaitement calme, alors vous faites l'expérience d'un état où le sentiment du

« moi » et du « mien » n'existe plus. Vous êtes dès lors le serviteur de tous, vous n'êtes plus une charge pour autrui. Une personne ordinaire est comme une petite mare d'eau stagnante, alors qu'un être réalisé est comme une rivière ou un arbre : il réconforte et rafraîchit tous ceux qui viennent à lui.

19 novembre – L'arbre de la vie

Dans le terreau de l'amour,
Que les bonnes actions soient les feuilles de l'arbre.
Puissent les paroles de bienveillance
Former ses fleurs et puisse la paix en être le fruit.

20 novembre – Une aspiration intense

Vous vous trouvez pour l'instant au pied de la montagne. Avant même de pouvoir en commencer l'ascension, il faut que vous abandonniez votre attachement à la vallée et à tout ce que vous y possédez. Si vous ne le faites pas de tout votre cœur, cela vous fera forcément souffrir. Sinon, il n'y a pas de souffrance. Quand vous avez renoncé à cet attachement, la souffrance se transforme en une aspiration intense, l'aspiration à atteindre les sommets de l'union éternelle. La véritable question, c'est : « Combien d'êtres peuvent renoncer de tout cœur à cet attachement ? »

21 novembre – Les rituels du temple

Mes enfants, les temples sont des endroits où, du moins pendant un moment, le souvenir de Dieu s'allume dans nos cœurs, par ailleurs totalement submergés par les soucis liés au monde. Mais il n'est pas nécessaire que nous restions accrochés aux rituels des temples jusqu'à la fin de notre vie. Rien de mal ne peut nous advenir si, sans rendre visite à aucun temple, nous pratiquons la prière et la méditation chaque jour dans la solitude. De même, si nous ne sommes pas capables d'établir fermement le Seigneur dans notre cœur, une vie entière de visites au temple ne nous sera d'aucun secours.

22 novembre – Pas d'attachement, pas d'aversion

Considérez tout ce que vous rencontrez avec discernement et attention. N'entretenez ni attachement ni aversion envers quoi que ce soit. Alors tout aura quelque chose à vous enseigner. Pour voir la lumière de la connaissance, nous avons besoin de transformer notre vision des choses. Adopter une attitude de disciple, une attitude d'abandon de soi-même, nous aide à y parvenir.

23 novembre – **Essuyer les larmes de ceux qui souffrent**

Rien ne peut justifier les guerres innombrables et les morts causées par les hommes, toutes les larmes versées par les victimes innocentes de ces tragédies. Quel est le but de toutes ces guerres ? Conquérir, démontrer notre autorité, satisfaire notre avidité de richesse et de gloire. L'humanité a accumulé sur elle-même d'innombrables malédictions. Pour s'en libérer, il faut qu'au moins cent générations à venir essuient les larmes de ceux qui souffrent et cherchent à alléger leurs souffrances.

24 novembre – **Prier, puis manger**

Pas une seule parcelle de ce que nous mangeons n'est un pur produit de notre effort personnel. Ce qui vient à nous sous forme de nourriture est le fruit du labeur de nos frères humains, de la générosité de la Nature et de la compassion de Dieu. Même si nous possédons des millions de dollars, nous avons toujours besoin de nourriture pour apaiser notre faim. Peut-on manger des dollars ? Par conséquent, ne mangez jamais sans prier préalablement avec humilité.

25 novembre – **Être maître de nos pensées**

Nos pensées sont notre propre création. Nous les rendons réelles en coopérant avec elles. Si nous leur retirons notre soutien, elles se dissolvent. Observons les pensées de près, sans les juger, et nous les verrons s'éloigner peu à peu.

26 novembre – **Le flot de la vie**

Une goutte d'eau ne sera jamais une rivière : une rivière est composée de myriades de gouttes d'eau. C'est l'union de ces innombrables gouttes qui crée le flot. Le véritable courant de la vie réside dans l'union, dans le sens de l'unité qu'engendre l'amour.

27 novembre – **Le poison de la colère**

Mes enfants, vous ne retirerez aucun véritable bienfait de vos pratiques spirituelles si vous les accomplissez tout en nourrissant de la colère et de l'orgueil. C'est comme si vous mettiez d'un côté le sucre et de l'autre les fourmis : les fourmis mangeront tout le sucre. Et vous ne remarquez même pas ce qui se passe ! Tout ce que vous obtenez grâce à vos pratiques, vous le perdez par la colère. Une lampe de poche ne fonctionne plus lorsque les piles sont usées, n'est-ce pas ? De même, chaque fois que vous vous mettez en colère, votre énergie vous échappe par les yeux, le nez, la bouche, les oreilles et tous les pores de votre peau. Seul le contrôle du mental vous permettra de conserver l'énergie que vous accumulez grâce aux pratiques.

28 novembre – Le vrai bonheur

Dieu est la personnification de la compassion et il tend humblement les deux bras vers nous pour recevoir notre ego. L'ego, voilà l'offrande que Dieu préfère, et c'est cela qu'il faut Lui donner. Si nous n'y sommes pas prêts, Dieu trouvera un moyen de l'extirper ! Il sait que nous ne pouvons connaître le vrai bonheur qu'une fois cela accompli. Cet abandon à l'Être suprême purifie le mental et l'intellect. C'est ainsi que notre vie peut devenir une fête.

29 novembre – La conscience induit le respect

Tout est pénétré de Conscience divine. C'est cette Conscience qui maintient le monde avec toutes ses créatures. La religion nous enseigne à voir et à vénérer Dieu en toute chose. Cette prise de conscience nous conduit à aimer la Nature. Aucun d'entre nous ne blesse délibérément son propre corps car nous savons que c'est douloureux. Ainsi, lorsque nous percevons la même Conscience vivante, unique, dans tous les êtres, la souffrance et les douleurs d'autrui deviennent notre souffrance. La compassion éclot dans notre cœur et nous aspirons à aider et à protéger les autres. Lorsqu'un être humain accède à cet état, il ne souhaite pas cueillir inutilement ne serait-ce qu'une feuille. Il ne cueille une feuille qu'au dernier jour de son existence, juste avant qu'elle se fane. Et il considère comme un acte très nuisible, pour la plante comme pour la Nature, le fait de cueillir la fleur dès le premier jour, par avidité.

30 novembre – Détachement suprême

Il était une fois un grand sage dont le seul travail consistait à rouler de gros rochers au sommet d'une montagne. Jusqu'à sa mort, ce fut le seul travail qu'il fit, sans jamais se plaindre, sans jamais le trouver ennuyeux. Il lui fallait des heures, voire des jours, avant de parvenir, tout seul, à monter un rocher jusqu'au sommet de la montagne. Une fois qu'il avait réussi, il le faisait dévaler du sommet jusqu'au pied de la montagne, et il applaudissait et éclatait de rire comme un petit enfant.

Dans n'importe quel domaine, il faut beaucoup de courage et d'énergie pour progresser mais il suffit d'un instant pour anéantir tout ce que nous avons acquis grâce à un dur labeur. Ceci est également vrai des vertus que nous pouvons cultiver.

Cette grande âme n'était absolument pas attachée à l'effort réel qu'il lui fallait pour monter le rocher jusqu'au sommet de la montagne. C'est pourquoi il pouvait rire comme un enfant : le rire du détachement suprême. Voilà la leçon qu'il souhaitait donner à tous.

DÉCEMBRE

1er décembre – De la tête vers le cœur

Notre époque scientifique, dominée par l'intellect et la raison, a oublié le cœur. Le monde entier emploie la même expression : « Je suis tombé amoureux. » De fait, nous sommes « tombés » dans un amour enraciné dans l'égoïsme et le matérialisme, et il nous est difficile de remonter pour nous éveiller dans l'Amour. Si nous devons tomber, que ce soit de la tête vers le cœur.

2 décembre – Étreindre la vie

Dès que l'on aborde le domaine de la spiritualité, la plupart des gens prennent peur. La vie spirituelle n'implique pas de ne rien posséder ni de renoncer à la vie de famille. Vous pouvez très bien faire fortune et être père ou mère de famille, mais votre vie doit se fonder sur la compréhension des principes spirituels. Acquérir des biens ou mener une vie de famille sans avoir conscience de ces principes revient à collectionner des peignes alors qu'on est chauve ! Nos richesses, nos proches, tout cela nous quittera un jour. Il ne faut donc leur accorder dans notre vie que la place qu'ils méritent.

Si nous sommes dotés d'une bonne compréhension de la spiritualité, c'est avec une joie plus grande encore que nous pourrons étreindre la vie. Elle nous enseigne comment acquérir le courage et la force de savourer la béatitude dès cette existence.

3 décembre – Transcender le conditionnement religieux

En réalité, la religion est une contrainte créée par les humains. À la naissance, nous sommes dépourvus de tout conditionnement, de toute limitation concernant la religion ou la langue que nous parlons. Elles nous sont enseignées et, avec le temps, elles nous conditionnent. Ce conditionnement est nécessaire dans une certaine mesure, de même qu'une petite plante a besoin de la protection d'une clôture. Une fois que la petite plante est devenue un arbre, elle transcende la clôture. Ainsi, nous devons être capables de transcender notre conditionnement religieux pour devenir « inconditionnels ».

4 décembre – Répondre à la haine par l'amour

Quand un différend surgit, soyez prêt à en discuter et à résoudre le problème le jour même au lieu de repousser cela à plus tard. Tout le monde peut rendre l'amour en échange de l'amour, il n'y a en cela rien d'extraordinaire. Nous devons essayer de répondre à la haine par l'amour. Cela seul est la véritable mesure de notre grandeur. Ce n'est que lorsque nous sommes prêts à pardonner et à nous accommoder des fautes et des déficiences de chacun que la paix pourra régner dans la société.

5 décembre – Ôter le voile qui obscurcit notre divinité

Imaginons une ampoule de 100 watts accrochée dans la cuisine et tellement recouverte de suie qu'elle n'a même pas l'éclat d'une ampoule de 10 watts. Enlevons la suie, et l'ampoule brillera à nouveau de tout son éclat. De même, les pratiques spirituelles sont le processus qui consiste à enlever nos impuretés. En ôtant le voile qui obscurcit notre divinité innée, nous ferons l'expérience du pouvoir infini qui est en nous. Nous comprendrons que nous ne sommes pas nés pour souffrir, que notre nature réelle est la béatitude. Mais il ne suffit pas de parler de ces vérités, il est nécessaire d'effectuer des pratiques spirituelles. Tout le monde a la capacité de nager, mais c'est seulement en entrant dans l'eau et en s'exerçant que l'on apprend à nager. La dévotion et la prière sont des moyens grâce auxquels nous éveillons le Divin qui est en nous.

6 décembre – **Ne pas se tromper de but**

La religion est comme un panneau indicateur qui montre la voie. Mais le but à atteindre, c'est l'expérience spirituelle.

7 décembre – **Foi et expérience**

Dieu est omniprésent, mais ceux qui ont foi dans le temple peuvent sentir Sa présence plus facilement. Pour cela, il est essentiel d'avoir la foi. La foi rend le mental réceptif. Bien que Dieu soit présent dans le temple, ceux qui n'y croient pas ne sentiront pas cette présence. C'est la foi qui ouvre à l'expérience.

8 décembre – **Éveiller l'enfant en nous**

Mes enfants, aucun de vous n'est une personne ordinaire ! Chacun possède des pouvoirs extraordinaires. Il y a en nous une puissance infinie, mais pour le moment, elle sommeille. Il suffit de la réveiller, alors la victoire est certaine.

Notre corps a grandi, mais pas notre esprit. Pour qu'il devienne aussi vaste que l'univers, il faut que nous devenions pareils à de petits enfants. Il s'agit d'éveiller l'enfant en nous. Seul un enfant peut grandir. Ce qui nous habite aujourd'hui, c'est l'ego, et ce sentiment du « moi » ne permet aucune évolution. Il doit disparaître pour laisser place à un sentiment d'ouverture et d'infini.

9 décembre – Vigilance et reconnaissance

Quelle que soit l'action accomplie, efforçons-nous de garder vivante en nous la pensée de Dieu. Nous devrions nous prosterner à l'endroit où nous nous asseyons ou d'où nous nous levons, considérer nos stylos, nos livres, nos vêtements, nos ustensiles et les outils nécessaires à notre travail comme étant imprégnés de la Présence divine et les utiliser avec soin et respect est une bonne habitude à cultiver. Ceci nous aidera à garder la pensée de Dieu dans notre corps, dans notre esprit et dans l'atmosphère.

10 décembre – Soulager la souffrance

La véritable prière, c'est l'humilité et la compassion envers autrui, c'est offrir un sourire, un mot gentil. Nous devons apprendre à pardonner les fautes de nos semblables et à développer une profonde compassion envers eux, comme une main frotte automatiquement l'autre si elle est blessée. Si nous développons l'amour, la bienveillance, la tolérance, nous pouvons soulager la souffrance de nombreuses personnes.

11 décembre – **Prier dans le bonheur comme dans la peine**

Mes enfants, les larmes que nous versons lorsque nous prions Dieu avec amour ne sont pas des larmes de douleur, mais de béatitude. De nos jours, les gens ne prient Dieu que dans les moments de détresse. Si vous priez dans le bonheur comme dans la peine, vous ne connaîtrez plus la souffrance car, même si elle venait à vous, vous ne l'éprouveriez pas comme telle. Dieu veillera sur vous. Si vous pouvez prier d'un cœur ouvert et verser quelques larmes d'amour pour Lui, alors vous êtes sauvé.

12 décembre – **L'amour universel**

Quand Amma embrasse les gens, il ne s'agit pas seulement d'un contact physique. L'amour qu'Amma éprouve pour toute la création s'écoule vers chaque personne qui vient à elle. Cette pure vibration d'amour purifie les gens, les aide à s'éveiller intérieurement et à grandir spirituellement.

Dans le monde actuel, hommes et femmes ont besoin d'éveiller leurs qualités maternelles. Les étreintes d'Amma aident les gens à prendre conscience de ce besoin universel.

L'amour est le seul langage que tout être vivant puisse comprendre. C'est un langage universel.

13 décembre – Le silence de l'ego

Dieu n'apparaît que quand toutes les opinions disparaissent.

14 décembre – La liberté parfaite

Les êtres humains sont esclaves de leurs pensées. La pression qu'elles exercent fait d'eux les victimes impuissantes des situations extérieures. Chacun est rempli d'innombrables pensées et émotions, certaines subtiles, d'autres grossières. Incapables de les examiner et de discerner entre les bonnes et les mauvaises, entre celles qui sont constructives et celles qui sont destructrices, la plupart des gens tombent facilement sous l'emprise d'impulsions néfastes et s'identifient à des émotions négatives. Dans l'état suprême de détachement, on a le choix de s'identifier à chaque émotion, à chaque pensée, ou de rester détaché. On est libre de coopérer ou non avec chaque pensée, chaque émotion et chaque situation donnée. Et si on choisit de s'identifier, à tout instant, on peut décider d'arrêter et d'aller de l'avant. Voilà, en vérité, en quoi consiste la liberté parfaite.

15 décembre – **Faire de notre cœur un sanctuaire**

Notre cœur est le sanctuaire, c'est là qu'il faut installer Dieu. Nos pensées positives sont les fleurs pour le vénérer. Les bonnes actions constituent l'adoration, les bonnes paroles sont les hymnes et l'amour est l'offrande.

16 décembre – **Mises à l'épreuve**

Mes enfants, lorsqu'un supérieur nous prend à partie, considérons cela comme une occasion fournie par Dieu pour travailler notre ego et faire table rase des sentiments hostiles qui peuvent s'élever en nous. De même, lorsqu'il nous faut traiter sévèrement un subordonné, prenons bien soin de ne pas laisser la haine ou l'irritation nous envahir. Aux yeux d'un aspirant spirituel, les supérieurs, les subordonnés et les collègues sont tous des formes différentes du Seigneur.

17 décembre – La puissance de la prière

Prier n'est pas une faiblesse. En priant avec foi et sincérité, nous pouvons éveiller l'amour qui est latent en nous.

18 décembre – Aimer plutôt que blâmer

S'attendre à ce que les hommes changent rapidement est déraisonnable. Ils sont inconscients du mental qui les mène. Si quelqu'un tombe aux pieds d'un éléphant, l'éléphant lève la patte, prêt à l'écraser. Même un bébé éléphant agira ainsi. C'est dire la puissance des instincts naturels emmagasinés en nous. Au lieu de blâmer les hommes, employons la patience et l'amour pour les faire changer.

19 décembre – Tirer les leçons des erreurs du passé

Il est inutile de ruminer le passé. Tel un chèque annulé, il n'a plus aucune valeur. Pour créer un avenir heureux, vu toutes les souffrances et les destructions que nous nous sommes infligées antérieurement, il faut que nous soyons prêts à pardonner ; ceci est fondamental pour toutes les religions. Cependant, pour éviter de récidiver, il nous faut tirer les leçons des erreurs dont nous avons fait l'expérience. Si nous nous rentrons une épine dans le pied, nous faisons ensuite attention à chaque pas ; cette vigilance nous évitera peut-être ensuite de tomber dans un puits dangereux. C'est ainsi qu'il faut considérer les expériences douloureuses du passé. Ceux qui ont précédemment infligé des souffrances à autrui, qu'ils se consacrent maintenant à aider les victimes qu'ils ont opprimées ; ces principes sont valables aussi bien pour les gouvernements que pour les individus. Pour cicatriser, les relations brisées doivent être recousues avec le fil de l'amour. Pour cela, la conscience de notre unité est plus importante que le savoir intellectuel.

20 décembre – Ne pas confondre amour et attachement

« Est-ce que j'aime vraiment ou est-ce que je suis trop attaché ? » Posons-nous la question aussi profondément que possible. Méditons là-dessus. Nous comprendrons bien vite que l'amour que nous connaissons est en réalité de l'attachement. La plupart des gens sont avides d'attachement et non d'amour vrai. Il s'agit donc d'une illusion. En prenant l'attachement pour de l'amour, nous nous trahissons. L'amour est le centre et l'attachement la périphérie. Demeurons au centre et détachons-nous de la périphérie. La douleur disparaîtra.

21 décembre – La demeure préférée de Dieu

Un cœur bon, cela suffit, c'est le premier pas sur le chemin spirituel. Celui qui agit ainsi n'a pas besoin de chercher Dieu. Dieu accourt vers le cœur rempli de compassion. Un tel cœur est sa demeure préférée.

22 décembre – Bienveillance

Mes enfants, ne recherchez pas et ne commentez pas les fautes et les échecs des autres ; essayez plutôt de toujours voir le bien en autrui. Nous devrions servir les autres avec bienveillance sans les blâmer pour leurs erreurs.

23 décembre – Avoir foi dans la parole des maîtres

Ne croyons-nous pas les scientifiques quand ils nous parlent de la Lune ou de Mars ? Et pourtant, combien d'entre nous sont capables de vérifier la véracité de leurs affirmations ? Nous croyons cependant sur parole les scientifiques et les astronomes, n'est-ce pas ? Les saints et les sages d'antan ont, comme eux, passé des années à faire des expériences dans leur laboratoire intérieur, et ils ont pris conscience de la réalité suprême, le substrat de l'univers. Comme nous croyons les paroles des scientifiques qui rapportent des faits inconnus de nous, nous devrions avoir foi dans les paroles des grands maîtres qui parlent de la vérité dans laquelle ils sont établis.

24 décembre – Voir autrui comme soi-même

Pour prendre l'autre en considération, qu'il s'agisse de la nature ou d'un être humain, l'essentiel est d'être relié à sa propre conscience. La « conscience », c'est en vérité la faculté de voir autrui comme soi-même. Tel un miroir, on « reflète » alors l'autre, ses sentiments, que ce soit la joie ou la douleur. Nous avons besoin de développer cette faculté dans notre relation à la nature et à notre prochain.

25 décembre – Discerner pour mieux aimer

Le cœur et l'intellect ne sont pas deux entités séparées. Quand votre intellect exerce sa faculté de discernement, tout naturellement, vous vous ouvrez. Et de cette ouverture jaillit spontanément un esprit d'innocence, d'accueil, d'humilité et de coopération. Le mot « cœur » symbolise cette ouverture. À la simple mention de ce mot, nous éprouvons une douceur apaisante.

L'ego est la cause de toutes les souffrances. À mesure qu'il grandit, l'ouverture de la personne se réduit et l'esprit de tolérance disparaît. Mais, qu'il s'agisse de la vie spirituelle ou de la vie dans le monde, ces vertus sont absolument indispensables.

26 décembre – Vivre notre spiritualité

La spiritualité n'est pas une chose dont on se contente de parler ; il s'agit de la *vivre*.

27 décembre – Connaître la véritable nature du monde

Si vous souhaitez connaître la paix infinie, discernez entre ce qui est éternel et ce qui ne l'est pas. Nous donnons du lait à un serpent domestique alors qu'il peut mordre. Mais n'oublions pas que c'est un serpent que nous nourrissons, parce qu'il finira forcément par montrer sa véritable nature. Si nous avons conscience de la nature réelle des humains lorsque nous avons affaire à eux, nous ne serons pas déçus. Tout en vivant dans le monde, ayons conscience de sa véritable nature.

28 décembre – Lâcher prise

Nous devrions être attachés au monde tout en gardant une attitude de détachement. S'attacher et se détacher à volonté ; agir, puis lâcher prise et continuer… agir de nouveau, puis lâcher prise et continuer son chemin. Les bagages superflus de rêves, de désirs et d'attachement allant à l'encontre de la raison rendent le voyage de notre vie extrêmement malheureux.

29 décembre – Pratiquer est une nécessité vitale

La spiritualité ne devrait pas être une occupation à temps partiel, c'est un travail à plein temps. Amma ne vous demande pas de quitter votre emploi ni de travailler moins. Vous considérez sûrement votre travail et le fait de gagner de l'argent comme des choses sérieuses ; réaliser Dieu est aussi une affaire sérieuse. Les pratiques spirituelles devraient faire partie de votre vie au même titre que le fait de manger et de dormir.

30 décembre – Prier pour la paix dans le monde

Amma ne veut pas vous ennuyer avec plus de paroles. Mes enfants, fermez les yeux et priez pour la paix dans le monde. Priez sincèrement pour que Dieu vous accorde le cœur plein d'abnégation d'une mère.

31 décembre – « Puissent tous les êtres… »

Prions et méditons ensemble. C'est là le meilleur moyen d'atteindre le rivage de la paix. Si nous méditons et prions en groupe, l'énergie de vie de tous coulera avec harmonie dans une seule direction ; il en émanera un parfum divin imprégné de la douceur de l'amour. Cela créera des vibrations de paix et d'unité dans l'atmosphère. Accordant notre pensée à la vibration de l'unique pouvoir suprême et oubliant toute idée de division, ouvrons notre cœur et prononçons avec sincérité la prière suivante :

« *Puissent tous les êtres en ce monde et dans tous les autres mondes être en paix et heureux.* »

REMERCIEMENTS

Les éditions Points et la collection « Points Vivre » remercient chaleureusement Brahmacharini Dipamrita (Claudine Tourdes), présidente d'ETW France et responsable du centre Amma près de Chartres. Elle a fait preuve d'un bel équilibrisme avec son agenda pour nous aider à chaque étape du projet, où qu'elle se trouve dans le monde. Nous la remercions pour sa confiance, son accompagnement délicat et éclairé et pour le joyeux rayonnement qu'elle a su nous insuffler à chacune de nos rencontres.

TABLE

RÉALISATION : IGS-CP À L'ISLE-D'ESPAGNAC
IMPRESSION : TLP, EN CHINE
DÉPÔT LÉGAL : NOVEMBRE 2016. N° 132950 (00000)
Imprimé en Chine